Wilhelm von Christ

Die rhythmische Kontinuität der griechischen Chorgesänge

Wilhelm von Christ

Die rhythmische Kontinuität der griechischen Chorgesänge

ISBN/EAN: 9783743615014

Hergestellt in Europa, USA, Kanada, Australien, Japan

Cover: Foto ©Thomas Meinert / pixelio.de

Weitere Bücher finden Sie auf **www.hansebooks.com**

Die rhythmische Continuität

der

griechischen Chorgesänge.

Von

W. Christ.

Aus den Abhandlungen der k. bayer. Akademie der Wiss. I. Cl. XIV. Bd. III. Abth.

München 1878.
Verlag der k. Akademie,
in Commission bei G. Franz.
Akademische Buchdruckerei von F. Straub

Die rhythmische Continuität
der
griechischen Chorgesänge.

Das Alpha und Omega aller metrischen Untersuchungen auf dem Gebiete der lyrischen Poesie der Griechen bildet die Frage, ob die alte Musik in gleicher oder ähnlicher Weise wie die moderne an eine strenge Regelmässigkeit der rhythmischen Bewegung gebunden war oder nicht. Da die uns erhaltenen Texte der griechischen Gesänge, die der eigentlichen Lyriker sowohl wie die der Dramatiker, der Annahme einer strikten Taktgleichheit wenig günstig sind, so setzte sich bei den Philologen seit Maybom, dem berühmten Bearbeiter der alten Musiker, die Meinung fest, dass die zum Gesange bestimmten lyrischen Perioden und die zur Recitation geschaffenen Verse nicht mit dem gleichen Mass gemessen werden dürften, dass diese an einen bestimmten, leicht erkennbaren Takt gebunden gewesen seien, in jenen eine freiere Behandlung des Rhythmus Platz gegriffen habe. Ausser an den Texten der Dichter glaubte man an der von den alten Grammatikern und Metrikern wiederholt ausgesprochenen Unterscheidung von metrum und rhythmus einen Anhaltspunkt für diese Auffassung zu haben. Lange Zeit erhielt sich diese Unklarheit der Vorstellung, so dass man wesentlich nur zum Behufe der Kritik in den Strophen die Aufeinanderfolge der kurzen und langen Sylben notirte. Erst im Anfange unseres Jahrhunderts hat ein genialer Mann, der allerdings mehr Musiker als Philologe war, hat Aug. Apel mit jenem Vorurtheil gebrochen und in seiner i. J. 1814 erschienenen Metrik den Satz durchzuführen gesucht, dass in keiner Art der antiken Poesie Taktlosigkeit geherrscht habe und dass in Bezug auf die Regelmässigkeit des Rhythmus die alte Musik der neuen vollkommen gleich gewesen sei. Aber G. Hermann, der eben damals um die Herstellung und das Verständniss gerade der lyrischen Reste des hellenischen Alterthums sich die glänzendsten Verdienste erwarb, hatte sich eine andere Vorstellung von dem Vortrage der griechischen Gesänge gebildet und vertheidigte dieselbe mit einer Hartnäckigkeit, welche einer besseren Sache würdig gewesen wäre, gegen das 'ephemere Phantasma' des philologischen Dilettanten. Und auch Aug. Böckh, wiewohl er anfangs der neuen Lehre mehr zugethan war, warf sich derselben doch nicht mit voller Hingabe in die Arme, hauptsächlich weil er für die von Apel neu eingeführten Zeitmasse die Begründung in den Sätzen der alten Rhythmiker vermisste; s. Böckh, de metris Pindari p. 92.

Gegenüber diesen Männern, welche damals durch das Gewicht ihrer Autorität, zumal wenn sie übereinstimmten, die philologische Welt ins Schlepptau zu nehmen gewohnt waren, hat H. Feussner als junger Mann in seiner Doctordissertation, de antiquorum metrorum et melorum discrimine, Hanoviae a. MDCCCXXXVI, die Lehre Apels wieder aufgegriffen und durch den Hinweis auf zerstreute Zeugnisse des Alterthums tiefer begründet. Seitdem haben so ziemlich alle, welche sich mit metrischen Untersuchungen befassten, namentlich Rossbach, Westphal, Bellermann, H. u. M. Schmidt, Brambach, Brill, Vogelmann an dem Grundgedanken Apels festgehalten; aber alle werden mir zugeben, dass der Streit über die Skandirung und Rhythmisirung der griechischen Chorgesänge noch nicht zum endgiltigen Austrag gekommen ist. Um das Wie der Durchführung des allgemein anerkannten Apel'schen Grundsatzes gehen die Meinungen noch vielfach auseinander; über die Ausdehnung des Taktwechsels ($\mu\varepsilon\tau\alpha\beta o\lambda\dot{\eta}$ $\dot{\rho}v\vartheta\mu o\tilde{v}$), durch den das Princip der Taktgleichheit wieder stark durchkreuzt wird, begegnen uns fast bei jeder Strophe variirende Ansichten; endlich sind die verwickelten Compositionen der Lyriker zum grössten Theil unberührt oder doch wenigstens unentwirrt bei Seite liegen geblieben. Ich selbst klopfe schuldbewusst an die Brust und bekenne offen, dass ich lange Zeit zu keiner festen Ueberzeugung kam und auch noch als ich die Epinikien Pindars herausgab und meine Metrik schrieb, über die Ausdehnung der rhythmischen Continuität bei den Alten im Unklaren war. Was ich damals versäumte, oder vielmehr worüber ich damals mit mir noch nicht völlig ins Reine zu kommen vermochte, habe ich in der Zwischenzeit eifrigst nachzuholen versucht und vorstehende Abhandlung enthält die Grundlinien meiner jetzigen Auffassung, um nicht zu sagen Lösung der obschwebenden Frage.

Mit allgemeinen Erwägungen, mit dem Satz, dass das Gefühl für Rhythmus dem Menschen angeboren sei und das Wesen der Musik die rhythmische Ordnung der Töne erheische, wird man in unser concreten Frage nicht weit kommen. Bereits die Alten, wie Dionysius, de adm. vi dic. Demosth. c. 47 u. 50, haben auf das Bestimmteste $μέλος$ und $ῥυθμός$, Melodie und Takt unterschieden; und wenn auch die vollkommene Musik in der Vereinigung der geregelten Bewegung ($ῥυθμός$) und der harmonischen Mischung der Töne ($μέλος$) besteht, so wäre es doch immerhin denkbar, dass die Griechen hinter jenem Ideal zurückgeblieben seien. Die hohe Vollendung, welche uns aus den griechischen Werken der Plastik und Architektur entgegenstrahlt, kann dagegen nicht mit entscheidendem Erfolge geltend gemacht werden. Denn nicht zu allen Künsten war der griechische Genius gleich glücklich angelegt, und schwerlich hätte sich je die einfache homophone griechische Musik mit dem Tönereichthum der modernen Polyphonie messen können. Ja in bedenklicher Weise scheint sogar das byzantinische Kirchenlied, welches sich doch aus der altgriechischen Musik entwickelt hat, gegen die Annahme zu sprechen, dass die antike Melik in gleicher Weise wie die moderne Musik an das Gesetz der Taktgleichheit gebunden war. Freilich darf der Taktlosigkeit der mittelalterlichen Kirchenmusik auch nicht nach der anderen Seite zu viel Beweiskraft beigelegt werden. Denn einmal wäre es nicht der erste Fall, dass eine Kunst, zumal eine nicht durch äussere Zeichen fixirte, im Laufe der Zeiten verloren gegangen wäre, um später wieder von neuem erfunden zu werden. Sodann werden die Kirchenlieder der griechischen Gemeinden von einzelnen Sängern im Stehen gesungen, während die meisten altgriechischen Lieder für den Chorgesang bestimmt waren und ihr Vortrag von Marsch- und Tanzbewegungen begleitet war. Ein Mangel der rhythmischen Gleichmässigkeit aber, der beim Sologesang eines Stehliedes einem minder fein gebildeten Ohr kaum auffällt, würde den Zusammenklang und die Marschordnung eines Chores völlig zu stören und in ein wirres Durcheinander aufzulösen vermögen. Aber wenn man auch zugeben muss, dass schon allgemeine Erwägungen mehr für Taktgleichheit in der antiken Melik sprechen als für das Gegentheil, so kann doch auf diesem Wege unsere Frage noch nicht einer sicheren Entscheidung zugeführt werden. Von grösserer Bedeutung sind die Zeugnisse der alten Schriftsteller, welche uns von dem rhythmischen Werthe der einzelnen Sylben im Gegensatz zu ihrer Quantität in der gewöhnlichen Umgangssprache und von der Gleichmässigkeit der einzelnen Intervalle in dem Gesange und der Musik berichten. Aussprüche, wie die des Cicero, de orat. III 50, 196 'non solum verbis arte positis moventur homines, verum etiam numeris ac vocibus. quotus enim quisque est qui teneat artem numerorum ac modorum? at in his si paullum modo offensum est, ut aut contractione brevius fieret aut productione longius, theatra tota reclamant' weisen doch zu deutlich auf strenge, ja strengste Beobachtung des Taktes in den Canticis des antiken Dramas hin. Und wenn Quintilian IX 4, 55 von den Rhythmen, also speciell von den freieren lyrischen Dichtungen sagt 'rhythmi neque finem habent certum nec ullam in contextu varietatem, sed qua coeperunt sublatione ac positione ad finem usque decurrunt' so lässt sich doch an dieser bestimmten Angabe von der Gleichheit der einzelnen Takte schliesslich nicht herummäkeln. Die Zeugnisse der Alten von der rhythmischen Ordnung sind zusammengestellt von Feussner in der bereits oben angezogenen Schrift; zu den damals bekannten Stellen kamen später noch durch Bellermann's und Vincent's Bemühungen die Auszüge aus Aristoxenos in dem Fragmentum Parisinum und das so oft vermisste ausdrückliche Zeugniss über die $\mu\alpha\kappa\rho\grave{\alpha}$ $\tau\rho\acute{\iota}\chi\rho\rho\nu\rho\varsigma$ $\tau\epsilon\tau\rho\acute{\alpha}\chi\rho\rho\nu\rho\varsigma$ und $\pi\epsilon\nu\tau\acute{\alpha}\chi\rho\rho\nu\rho\varsigma$ bei dem Bellermannischen Anonymus $\pi\epsilon\rho\grave{\iota}$ $\mu\rho\nu\sigma\iota\kappa\tilde{\eta}\varsigma$. Den Werth aber aller dieser Stellen und ihre Beweiskraft für die uns hier beschäftigende Frage näher zu prüfen, kann uns wohl füglich erlassen werden, nachdem Feussner diesen Punkt schon in überzeugender Weise beleuchtet hat und neuerdings Cäsar und Westphal die rhythmischen Lehrsätze der Alten nach allen Seiten in möglichst helles Licht gestellt haben. Aber wenn man auch den zerstreuten Zeugnissen der Alten von der Taktgleichheit der lyrischen Gesänge unbedingten Glauben schenkt und die späten Zeugnisse von den verschiedenen rhythmischen Werthen der Sylben uneingeschränkt auch für die ältere klassische Zeit gelten lässt, so bleibt doch immer noch die Hauptaufgabe zu lösen, nämlich die, wie sich die lyrischen Gedichte, namentlich die Strophen Pindars und der Dramatiker jenem Gesetze der Taktgleichheit fügen. Denn so willkürlich wird doch jedenfalls nicht der Dichter, der in der besten Zeit des Alterthums seine Gedichte selbst in Musik setzte, mit dem Texte und dem natürlichen Sylbenwerth umgesprungen sein, dass er sich nicht in der Dehnung (τον΄) der Längen und der Zusammenziehung der Kürzen an gewisse Gesetze band. Dieses vorausgesetzt, muss man aber erwarten, dass sich aus den uns erhaltenen Texten durch Vergleichung der verschiedenen Verse jene Regeln wieder reconstruiren und somit die wahren rhythmischen Werthe der einzelnen Sylben aufdecken lassen. Einen Hauptgesichtspunkt, der bei dieser zwischen nüchterner Beweisführung und kühner Divination vermittelnden Thätigkeit ins Auge gefasst werden muss, bildet aber eben die Gleichmässigkeit der Takte und die rhythmische Continuität.

In der eben bezeichneten Richtung bewegen sich nun mehr oder minder die Reconstructionsversuche des rhythmischen Baues der griechischen Strophen. Die Schemata, in denen nur die natürliche Quantität der Sylben angemerkt ist, werden nach und nach immer seltener; immer mehr gewinnen die Zeichen für drei- und mehrzeitige Längen, für unvollkommene Längen und Kürzen und auch für leere Zeiten in unseren Ausgaben und metrischen Handbüchern Verbreitung. Ja selbst der moderne Taktstrich hat bereits in die antike Poesie Eingang gefunden und scheint sich namentlich in der Weise, wie ihn Brambach gebraucht, als ein ganz vorzügliches Mittel zu bewähren, um mit ihm statt mit der immerhin doch mangelhaften Semasiologie der neuen und alten Rhythmik ein Gedicht in seine einzelne Füsse zu zerlegen. Aber fast kommt es mir vor, als ob man nachgerade allzu weit in der blos empirischen Behandlung der Sache gehe, als ob man mehr im Einzelnen taste und probire, als von der Erkenntniss bestimmter Gesetze sich leiten lasse. Sicher wird der nur allzu häufige Widerstreit in der rhythmischen Zerlegung der Chorgesänge sich nicht ausgleichen lassen, ohne dass gewisse Kardinalpunkte in der Lehre von der Taktgleichheit durch Heranziehung sämmtlicher analoger Fälle festgestellt werden. Ich selbst bringe daher einmal in dieser Abhandlung alle diejenigen rhythmischen Werthe zur Besprechung, welche wir zur Herstellung der Taktgleichheit in den griechischen Gesängen bedürfen. Es werden dabei viele Dinge berührt werden müssen, über die unter vorurtheilslosen Forschern schon längst keine Controverse mehr herrscht. Bei diesen werde ich mich kurz fassen und nicht von neuem die ganze Beweisführung wieder aufnehmen, um bei den bis jetzt noch nicht im Zusammenhang erörterten Punkten desto mehr ins Detail einzugehen. Ueberdiess werde ich mich wesentlich auf die lyrischen Partien der Dramatiker beschränken, nicht als ob die Lyriker ganz anderen Gesetzen unterworfen gewesen seien oder als ob ich an den Schematen meiner Pindarausgabe nichts zu ändern und zu bessern hätte, sondern weil ich zuvor einmal in einem beschränkteren Kreise und an leichteren Beispielen die Durchführbarkeit meiner Sätze erweisen wollte.

I.

Die rhythmische Gleichstellung äusserlich verschiedener Füsse.

1) Rationale Takte neben irrationalen. Seit Alters galt es als feststehende Regel für den Bau des jambischen Trimeter und trochäischen Tetrameter, dass von den 2 zu einem zusammengesetzten Takte vereinigten einfachen Füssen der zweite auf eine zweifelhafte statt auf eine kurze Sylbe endigen dürfe, so dass das Schema der beiden Verse sich folgender Massen darstellte:

$$\cup | - \cup - \cup | - \cup - \cup | - \cup -$$
$$- \cup - \cup | - \cup - \cup | - \cup - \cup | - \cup -$$

Es wechselten also reine und irrationale Takte in jenen Versmaassen mit einander ab, und es kann auch kaum daran gedacht werden, dass im Vortrag, etwa durch längeres Anhalten der Länge des reinen Fusses der Zeitunterschied zwischen den beiden Füssen wieder aufgehoben worden sei. Gleichwohl blieb die Taktgleichheit in diesen Versen insofern gewahrt, als der Dirigent nicht nach einzelnen Füssen, sondern nach Dipodien den Takt schlug. Bemerkenswerth ist es aber doch, dass in den trochäisch-jambischen Liedern der Tragödie der syll. anceps so gut wie gar keine Stelle eingeräumt, also auch jene untergeordnete Ungleichheit der einzelnen Füsse vermieden wurde.

In der lyrischen Poesie begegnet uns ein irrationaler Trochäus neben einem reinen in dem Glyconeus, dem Eupolideus und anderen freier behandelten Versen:

$$-\smile|-\smile\smile|-\smile|-$$
$$-\smile|-\smile\ |\smile\smile|-|-\smile|-\smile|-\smile|-$$

Theilweise, wie bei dem polyschematistischen Eupolideus, mag jene Verletzung der strengen Taktgleichheit auf Rechnung der nachlässigeren Thalia geschrieben worden, die es auch mit den Gesetzen des Rhythmus nicht so streng nahm, wie ihre Schwester Melpomene. Ausserdem aber wird auch die äussere Ungleichheit der einzelnen Füsse jener Verse sich im Gesange zum mindesten gemindert haben, indem in denselben jeder Fuss den Umfang von 3 Zeiten etwas überschritten zu haben, und speciell der irrationale Trochäus dem nachfolgenden kyklischen Daktylus halbwegs entgegengekommen zu sein scheint.

Mehr ward die strenge Taktgleichheit gestört durch die syll. anc. am Schlusse eines Kolon, wie in dem Verse des Alcäus fr. 15, in dem ich durch Doppelstriche die Gliederung in Kola angedeutet habe:

$$-\smile|-\smile\smile|-\smile|\_\|-\smile|-\smile\smile|-\smile|-\smile\||-\smile|-$$

μαρμαίρει δὲ μέγας δόμος | χάλκῳ · πᾶσα δ' Ἄρῃ κεκόσμηται στέγα
λαμπραῖσιν κινίαισι, κατ | τᾶν λεῖκοι καθύπερθεν ἵππιοι λόφοι

oder in dem Verse Pindars Nem. IV 5

$$-\smile|-\smile|-\smile\smile|-\smile\||-\smile\smile|-\smile|-$$

γυῖα τόσσον εὐλογία φόρμιγγι συνάορος.
Καδμεῖοί νιν οὐκ ἀέκοντες ἄνθεσι μίγνυον.

Denn hier erlaubten sich die Dichter sicher nur desshalb im Texte an den bezeichneten Stellen statt einer Kürze auch eine Länge zu setzen, weil am Ende des Kolon der Rhythmus in eine langsamere Bewegung auslief. Wir haben also in der That an dieser syll. anc. am Ende eines akatalektischen Kolon ein Anzeichen von einer grösseren rhythmischen Freiheit, als mit den strengeren Gesetzen der Taktgleichheit unserer Musik vereinbar ist. Bezeichnend aber ist es für die Entwicklung der alten Kunst, dass derartige akatalektische Kola mit schliessender syll. anc. bei den Dramatikern sich seltener als bei Pindar finden.

2) **Kyklische Daktyle neben Trochäen.** In einer Anzahl von lyrischen Versen, wie in dem Glyconeus und Hendecasyllabus steht ein Daktylus neben Trochäen

$$-\cup|\stackrel{-}{\cup}\cup|-\cup|-$$
$$-\cup|\stackrel{-}{\cup}\cup|-\cup|-\cup|-$$

Es wird jetzt allgemein zugegeben, dass jener Daktylus ein kyklischer Daktylus von dem Umfang von beiläufig 3 Zeiten ♪♪] war und dass beim Gesange nicht ungleiche, sondern gleichlange Rhythmen gehört wurden. In gleicher Weise wurde durch den rascheren Vortrag der Daktylen der äussere Unterschied aufgehoben, wenn in einem Liede neben glykoneischen oder trochäischen Tetrapodien vierfüssige daktylische Kola stehen, wie in Soph. Antig. 388 ff.

>   θεῶν τε τὰν ὑπερτάταν Γᾶν
>   ἄφθιτον ἀκάματον ἀποτρίεται
>   ἰλλομένων ἀρότρων ἔτος εἰς ἔτος.

3) **Kyklische Päone neben Daktylen.** Die kyklischen Daktyle mit dem rhythmischen Werthe von 3 Zeiten haben, nachdem sie Apel aufgedeckt, nach und nach allgemein Eingang in die metrische Theorie gefunden. Hingegen blieb es bis auf die neuste Zeit unbeachtet, dass es auch Päone von der gleichen rhythmischen Geltung gab, welche desshalb mit kyklischen Daktylen und reinen Trochäen zu einer Periode verbunden werden konnten. Den einleuchtendsten Beleg dafür bieten die im raschesten Tempo vorgetragenen Schlussverse der Parodos der Euripideischen Bacchen v. 157 ff.

>   εὔια τὸν εὔιον ἀγαλλόμεναι θεὸν $-\cup\cup|\stackrel{-}{\cup}\cup\cup|\stackrel{-}{\cup}\cup\cup|-\cup\cup|$
>   ἐν Φρυγίαισι βοαῖς ἐνοπαῖσί τε $-\cup\cup|\stackrel{-}{\cup}\cup|\stackrel{-}{\cup}\cup|\stackrel{-}{\cup}\cup|$

Vergleiche meine Metrik S. 240 ff., wo zuerst auf diese kyklischen Päone aufmerksam gemacht worden ist.

In den so eben erörterten Verhältnissen ist es auch begründet, dass in Strophe und Antistrophe der kyklische Daktylus und der Trochäus ihre Stelle tauschen können, wie in Phil. 1124 = 1147

>   πότμοι θινὸς ἐφήμενος. $-\cup|\stackrel{-}{\cup}\cup|-\cup|-'$
>   ἔθνη θηρῶν οἷς ὅδ᾽ ἔχει. $-\cup|-\cup|\stackrel{-}{\cup}\cup|-|$

4) **Jonicus neben Ditrochäus.** Weitere Fälle der Gleichstellung äusserlich verschiedener Takte ergeben sich bei den zusammengesetzten oder sechszeitigen Füssen. Der verbreitetste Fall ist der, dass ein Jonicus — — ⏑ ⏑ und ein Ditrochäus mit gleicher Geltung neben einander stehen, wie ganz offenbar in dem sotadeischen Vers:

$$- - \cup \cup | - \cup - \cup | - - \cup \cup | - -$$

εἰ καὶ βασιλεὶς πέφυκας, ὡς θνητὸς ἄκουσον.

Es scheint dieses der Taktunterschied zu sein, welchen Aristoxenus p. 298 M. als *διαφορὰ ποδῶν κατὰ σχῆμα* bezeichnet hat.

Da ein kyklischer Daktylus die Stelle eines Trochäus vertreten konnte, so ziehe ich mit Apel I 473 hieher auch die Gleichstellung von

$$- - \cup \cup = \overline{- \cup} \cup - \cup = - \cup \overline{- \cup} \cup$$

in den von Hephästion c. 11 und 14 angeführten Versen der Sappho und des Alkman

$$\nabla | \overline{- \cup} \cup - \cup | - -, \, \Xi | \overline{- \cup} \cup - \cup | - -$$

*δέδυκε μὲν ἁ Σελάνα καὶ Πληϊάδες, μέσαι δὲ
νύκτες, παρὰ δ' ἔρχεθ' ὥρα· ἐγὼ δὲ μόνα καθεύδω.*

$$\nabla | - \cup \overline{- \cup} \cup | - - \sim | - -$$

περισσόν· αἱ γὰρ Ἀπόλλων ὁ Λύκιος.

II.
Scheinbare Unterbrechung des Rhythmus durch Fehlen eines Takttheiles.

Eine der gewöhnlichsten Erscheinungen in den Liedern der griechischen Lyriker und Dramatiker ist die, dass mitten im Verse oder mitten in der Periode die Thesis eines Fusses im Texte keinen Ausdruck gefunden hat, so dass also im Texte zwei Arsen zusammenstossen. Es hat sich auch hier jetzt ziemlich allgemein die Ueberzeugung Bahn gebrochen, dass diese Unterbrechung des rhythmischen Ganges nur eine äusserliche ist, dass thatsächlich im gesanglichen Vortrag die Reihe wieder hergestellt wurde, dadurch dass entweder der Sänger während der Zeitdauer der Thesis pausirte, oder dadurch dass er die vorangehende Länge bis zum Umfange eines ganzen Fusses anhielt. Die Lehre der Alten von den leeren Zeiten ($\chi\rho\acute{o}\nu o\iota$ $\varkappa\epsilon\nu o\acute{\iota}$) und der längeren Dauer ($\tau o\nu\acute{\eta}$) der Sylben berechtigt uns um so mehr zu dieser Annahme, als die Sätze des Anonymus $\pi\epsilon\rho\grave{\iota}$ $\mu o\nu\sigma\iota\varkappa\tilde{\eta}\varsigma$ von den 4 Arten der leeren Zeiten ($\varkappa\epsilon\nu\grave{o}\varsigma$ $\beta\rho\alpha\chi\acute{\nu}\varsigma$, $\mu\alpha\varkappa\rho\acute{o}\varsigma$, $\tau\rho\acute{\iota}\sigma\eta\mu o\varsigma$, $\tau\epsilon\tau\rho\acute{\alpha}\sigma\eta\mu o\varsigma$) und den 4 Arten der Länge ($\mu\alpha\varkappa\rho\grave{\alpha}$ $\delta\acute{\iota}\chi\rho o\nu o\varsigma$, $\tau\rho\acute{\iota}\chi\rho o\nu o\varsigma$, $\tau\epsilon\tau\rho\acute{\alpha}\chi\rho o\nu o\varsigma$, $\pi\epsilon\nu\tau\acute{\alpha}\chi\rho o\nu o\varsigma$) vortrefflich zu derselben stimmen. Denn gerade diese Werthe bedürfen wir, um jene scheinbare Unterbrechung in den verschiedenen Rhythmengeschlechtern, dem diplasischen daktylischen und päonischen wieder aufzuheben.

Ursprünglich ward nun offenbar der fehlende Takttheil durch eine Pause ausgefüllt; man kann dieses vornehmlich durch zwei Dinge beweisen, einmal daraus dass in dem ältesten Verse der Art, in dem synkopirten Hexameter oder elegischen Pentameter, zu allen Zeiten Wortschluss nach der Länge des unvollständigen Fusses eintreten musste, sodann daraus dass sich die Synkope überhaupt am meisten am Ende eines Kolon findet. Aber bei der Ausfüllung der unterdrückten Thesis durch eine leere Zeit oder die den Schluss eines Kolon begleitende Pause blieb es nicht; die Dichter setzten sich bald über die Forderung des Wortschlusses an jener Stelle hinweg, und da nun unmöglich die Sylben eines Wortes durch eine Pause auseinandergerissen werden durften, so blieb nichts anderes übrig als die vorausgehende Länge auch noch über die Dauer der Thesis anzuhalten. Die Verschiedenheit des Textes in Strophe und Antistrophe lässt uns sogar vermuthen, dass der Sänger, je nachdem ein Wort oder gar ein Satz an der fraglichen Stelle schloss oder nicht, bald zur Einlegung einer leeren Zeit, bald zum längeren Anhalten der vorausgehenden Sylbe schritt. Die Sache selbst ist ausserordentlich einfach, da wir nur einmal von dem Buchstaben abzusehen und uns selbst bei dem Lesen zu beobachten brauchen, um sofort einzusehen, dass wir unwillkürlich sogar bei der gewöhnlichen Recitation des Pentameter die Länge des 3. Fusses länger anhalten und mit der nachfolgenden Pause bis auf den Umfang von 4 Zeiten bringen.

Es wird nun auch hier unsere Aufgabe sein, die einzelnen Fälle dieser rhythmischen Ergänzung zu behandeln und an deren Aufzählung specielle Bemerkungen anzuschliessen.

1) **Synkope in jambisch-trochäischen Versen.** Da bei dieser Art der Synkope nur eine einzige Zeit durch rhythmische Mittel ausgefüllt zu werden brauchte, so findet sich dieselbe am häufigsten, und zwar nicht blos in Perioden der höheren Lyrik, sondern auch in stichischen Compositionen (s. Arist. Vesp. 248—72). In der Regel traf dieselbe den 2. Theil des zusammengesetzten Fusses. Als Beispiele können die von Hephästion c. 15 angeführten Asynarteten dienen:

$$\simeq | - \smile - \triangledown | - \smile - | - \smile - \triangledown | - \smile -$$

Δήμητρος ἀγνῆς καὶ Κόρης τὴν πανήγυριν σέβων (Archilochus).
λαβοῦσα σιγηρόρευσον, αἴ ῥῶν δὲ κουψιῶ σ' ἐγώ (Aristophanes).

$$\triangledown - \smile - \smile | - \smile - - \smile - --$$

Ἔρος ἐνίχ' ἱππότας ἐξέλαμψεν ἀστήρ (Euripides).
τὸ πᾶν Διὸς σέβας παρεκ βάντες οὐ θεμιστῶς (Aeschylus).

Der erste Fuss der Dipodie hat Synkope erlitten in den choliambischen Versen, wie in

$$\triangledown ' - \smile - \triangledown : - \smile - \sigma | - - \simeq$$

εἰ μὲν πονηρούς, μὴ προσίεσχαι τῷ εὑρήψ.
ὡς ἄκρον ἕλκων ὥσπερ ἀλλαντοψύχων.

ebenso in denjenigen zusammengesetzten Versen, in denen scheinbar die Thesen, nicht die Arsen zusammentreffen, wie in dem von Hephästion angeführten Verse des Kallimachus

$$\simeq | - \smile - \triangledown | - \simeq , \triangledown | - \smile - \smile | - -$$

Δήμητρι τῇ πυλαίῃ τῇ τοῦτον οἴκ Πελασγῶν.

2) **Synkope in Logaöden.** Fast gleich oft und unter den gleichen Bedingungen findet sich die Synkope in den verschiedenen Arten logaödischer Verse, d. i. derjenigen Verse, in denen kyklische Daktyle mit Trochäen vereinigt sind. Auch hier hat Hephästion unter seinen Asynarteten die Hauptformen angeführt:

$$- \smile \smile - \smile | - \smile - | - \smile - \triangledown | - \smile -$$

Εἶτε κισσοχαῖτ' ἄναξ | χαῖρ, ἔφασχ' 'Εχαντίδης (Cratinus).

$$- \smile \smile - \smile | - \smile - | - \smile \smile - \smile | - -$$

Σίμαλον εἶδον ἐν χορῷ , πηκτίδ' ἔχοντα καλήν (Anacreon).

$$- \triangledown - \smile \smile | - \smile - | - \triangledown - \smile | - -$$

χρισαυγής κρόκος οὐδ' ἄυπ | νοι κρῆναι μινύθουσιν (Sophocles).

Bekanntlich ist aus dieser Art der Synkope ein eigenes Metrum, das choriambische erwachsen, wie sich denn in der That mehrere choriambische Verse ganz deutlich als synkopirte Logaöden kund geben, z. B.

$$- \smile - \smile \,|\, - \smile \,\smile - \,|\, - \smile \,\smile - \smile \,|\, - -$$

ἀσπίδα ῥίψας ποταμοῖ καλλιρόου παρ᾽ ὀχϑάς (Anacreon).

3) **Synkope eines daktylischen Fusses.** Seltener als in jambischen und logaödischen Versen findet sich die Synkope in daktylischen; natürlich, da es hier galt 2 Zeiten durch rhythmische Freiheiten auszufüllen, sich also bedeutend weiter von dem natürlichen Quantitätswerthe der Sylben zu entfernen. Eben daraus erklärt es sich auch, wesshalb die Dichter sich hier in der Regel die Beschränkung auferlegten an der Stelle, wo eine Synkope stattfand, Wortschluss eintreten zu lassen; denn auf solche Weise wurde ein Theil der 2 Zeiten durch das Intervall ausgefüllt, welches auch in der gewöhnlichen Rede zwei Wörter von einander scheidet. Das bekannteste Beispiel daktylischer Synkope ist der elegische Pentameter

$$- \smile \smile \,|\, - \smile \smile \,|\, - \wedge \,|\, - \smile \smile \,|\, - \smile \smile \,|\, -$$

οἱ γὰρ δὴν ϑνητοῖς ὕβριος ἔργα πέλει (Solon).

4) **Synkope eines Päon.** Noch gewaltsamer war die Unterdrückung der 3 zeitigen Thesis eines päonischen Fusses; ich weiss für dieselbe nur ein sicheres Beispiel in Pind. Ol. II 3

$$- \,|\, - \smile - \,|\, - \smile \smile \,|\, - \smile \smile \,|\, - - \,|\, - \smile - \,|\, - \smile -$$

ἤτοι Πίσα μὲν Διός, Ὀλυμπιάδα δ᾽ ἵστασιν Ἡρακλέης.

5) **Unterdrückung zweier Thesen.** In den jambisch-trochäischen, sowie in den logaödischen Versen kommt nun aber auch der Fall vor, dass in 2 Füssen hintereinander die Thesis keinen Ausdruck im Texte gefunden hat. Am häufigsten findet sich diese doppelte Unterdrückung der Thesis im Anfang eines Verses und am Schlusse eines Kolon; regelmässig aber mussten die beiden synkopirten Takte der gleichen Dipodie angehören. Beispiele dieser doppelten Synkope sind gar nicht selten, wie

$$- - \,|\, - \smile - - \,|\, - \smile - \,|$$

πείϑονται δ᾽ ἀοιδοὶ σάμασιν (Pind. P. I 3).

_ ◡ _ ◡ | — — | _ ◡ _ ◡ | — —
δεῖρο δεῖτε, Μοῖσαι, χρύσιον λιποῖσαι (Sappho).

◡ | — — | _ ◡ _ ◡ | _ ◡ _
κρατῆρας βωμὸν, ἑστίαν χθονός (Aeschylus).

—◡ ◡ _ ◡ | — — | —◡ ◡ _ ◡ | — —
μελλίχροος δ' ἐπ' ἱμερτῷ κέχυται προσώπῳ (Sappho).

6) **Unterdrückung der zweiten Länge des Jonicus.** In mehreren streng gebauten jonischen Systemen geht der Rhythmus regelmässig und ununterbrochen fort bis auf eine und die andere Stelle, wo im Texte statt eines Jonicus a minore ein Anapäst steht. Westphal-Rossbach haben zuerst, so viel ich weiss, in solchen Systemen die vollständige Continuität dadurch hergestellt, dass sie die Länge des scheinbaren Anapäst als eine vierzeitige Sylbe fassten. Danach werden also die jonischen Verse in der Parodos der Perser v. 102 ff. folgender Massen gemessen:

θεόθεν γὰρ κατὰ Μοῖρ'   ◡ ◡ | — — ◡ ◡ | —
ἐκράτησεν τὸ παλαι-   ◡ ◡ | — — ◡ ◡ | —
ὸν ἐπέσκηψε δὲ Πέρσαις   ◡ ◡ | — — ◡ ◡ | — —
πολέμους πυργοδαΐκτους.   ◡ ◡ | — — ◡ ◡ | — —

Dieser Messung wird man unbedingt beitreten, wenn mit dem unvollständigen Fuss ein Kolon und zugleich ein Wort schliesst, da in diesem Falle ein Theil des vierzeitigen Intervalls durch die Pause ausgefüllt werden konnte. Aber auch wenn, wie in dem 2. Kolon, kein Wort mit dem katalektischen Jonicus schliesst, erheischt die Analogie und die Continuität des Rhythmus die gleiche Messung. Nur wenn der unvollständige Fuss im Anfang des Kolon steht, kann man mit Buchholtz, Priscae latinitatis origines p. 334 auch an eine Auflösung der ersten Länge des Jonicus denken und demnach den Schlussvers in der angezogenen Strophe der Perser und den Proodos in der Parodos der Bacchen des Euripides also skandiren:

διέπειν ἱππιοχάρμας τε κλόνοις ◡ ◡ | — — ◡ ◡ | — — ◡ ◡ | —
πόλεων ἀναστάσεις.   — — — ◡ ◡ | — ◡ — |

Ἀσίας ἀπὸ γαίας;   — — — ◡ ◡ | — —
ἱερὸν Τμῶλον ἀμείψασα θοάζω. ◡ ◡ | — — ◡ ◡ | — — ◡ ◡ | — —

Die Richtigkeit dieser Analyse hängt in dem 2. Falle mit der in dem folgenden Kapitel zu besprechenden Frage zusammen, in dem 1. von der Stellung der Clausulae.

III.
Kopflose Verse.

In unser Musik kann nicht blos ein unvollständiger Schlusstakt seine Ergänzung durch leere Zeiten erhalten, sondern können auch dem Beginne des Gesanges leere nur durch die Musik ausgefüllte Zeiten vorangehen. Etwas ähnliches scheint auch bei den Alten vorgekommen zu sein, indem nicht selten in einem sonst regelmässig gebauten Liede der erste Fuss eine abweichende, unvollständige Gestalt hat. Man kann nun hier entweder annehmen, dass der erste Fuss ausser Takt gestanden sei und die rhythmische Bewegung erst mit dem zweiten begonnen habe, oder dass auch der erste Fuss durch Zuhilfenahme von rhythmischen Mitteln den übrigen gleichzustellen sei. Im Wesentlichen laufen beide Auffassungen auf das Gleiche hinaus, und ich möchte G. Hermann, der zuerst mit seiner Basis die aus solchen Versen sich ergebenden Schwierigkeiten zu beseitigen suchte, nicht der gebührenden Ehre berauben. Aber gleichwohl entschliesse ich mich lieber zu dem zweiten Auskunftsmittel, weil es auf eine grössere Klasse von Versen ausgedehnt werden kann und weil solche Verstümmelungen des ersten Fusses auch mitten in einer Periode bei dem Beginne des 2. oder 3. Kolon vorkommen, wo man doch nicht wohl von einem praeludium numeri deinceps secuturi (Hermann Elem. p. 69) reden kann. Ich nenne desshalb solche Verse kopflose Verse oder $μέτρα\ ἀκέφαλα$. Der Ausdruck war schon den Alten geläufig, jedoch in einem etwas verschiedenen Sinne, indem sie die trochäische Reihe im Gegensatz zur jambischen

$$\bar{v} - \smile - \bar{v} - \smile - \bar{v} \ldots$$
$$- \smile - \bar{v} - \smile - \bar{v} \ldots$$

kopflos nannten; s. Metrik § 303.

In diese Klasse kopfloser Verse gehören:

1) **Die antispastischen Verse**, d. i. Verse, welche mit einem Antispast oder mit einem Jambus und kyklischen Daktylus beginnen, wie

⏑ — — ⏑ , ‾⏑ ⏑ — ⏑ , — —
ὁ Μοισαγέτας με καλεῖ χορεῦσαι (Pindar)
⏑ — — ⏑ | ‾⏑ ⏑ —
πόθῳ τᾶς ἀποιχομένας (Eur. Hel. 1306)
⏑ — ‾⏑ ⏑ | — ⏑ — — ⏑ ‾⏑ ⏑ | — —
ἄριστον μὲν ὕδωρ, ὁ δὲ χρυσὸς αἰθόμενον πῦρ (Pindar).

Diese Verse lassen sich so messen, dass man die 1. Sylbe oder den 1. Fuss als Auftakt oder Basis absondert; sie lassen aber auch die Auffassung zu, dass der 1. Fuss vorn verstümmelt sei, dass also die Reihe mit einem Antispast statt mit einem Ditrochäus beginne:

⏑ | — — ⏑ | ‾⏑ ⏑ ....   ⏑ — | — ⏑ ‾⏑ ⏑ ,....   ⏑ — — ⏑ | — ⏑ ⏑ ....

Die letzte Auffassung verdient entschieden den Vorzug, wo in der Antistrophe der Kürze eine Länge gegenübersteht, wie in Eur. Hel. 1306 = 1324

ebenda v. 1313 = 1331

   πόθῳ τᾶς ἀποιχομένας   Ἰδαιᾶν Νυμφᾶν σκοπιάς

   χορῶν ἔξω παρθενίων   βοσκὰς εὐφύλλων ἑλίκων.

Meistens findet sich ein solcher unvollständiger Fuss im Anfang eines Verses oder einer Periode; mitunter kommt er aber auch mitten im Vers beim Beginn des zweiten Gliedes vor, wie im eupolideischen Vers

ὦ θεώμενοι, κατερῶ πρὸς ἑμᾶς ἐλευθέρως.
— ⏑ — ⏑ ‾⏑ ⏑ — ⏑ — — ⏑ | — ⏑ —

2) Der Telesillische Vers. Die Verse der Telesilla

ἅδ' Ἄρτεμις, ὦ κόραι,
φεύγοισα τὸν Ἀλφειόν

werden von Hephästion c. 11 als katalektische jonische Dimeter gefasst und demnach folgendermassen gemessen:

— — ⏑ ⏑ | — ⏑ — ⌒ |

Der Vers ist bekanntlich ausserordentlich oft von Aristophanes angewendet worden, aber so, dass er die erste Sylbe als syll. anc. behandelte. Man könnte nun in Versen, wie

ὁ δ' ἀμφιθαλὴς Ἔρως

seine Zuflucht zur Unvollständigkeit des ersten Fusses nehmen und denselben durch Annahme einer leeren Zeit ergänzen

⌃ ⏑ — ⏑ ⏑ | — ⏑ — ⌃ :

Aber da sich die Kürze im Anfange des Kolon findet, auch wenn dasselbe mit dem vorausgehenden durch Wortgemeinsamkeit verbunden ist, wie in den Fröschen v. 456 f.

ὅσοι μεμυήμεθ' εὐ-
σεβῆ τε διήγομεν

so muss man wohl für Aristophanes von der jonischen Messung überhaupt abgeben und den Vers mit den Neueren als eine logaödische Tripodie mit vorausgehendem Auftakt auffassen, der blos durch den Ictus auf dem vorletzten Fusse an die jonischen Dimeter erinnerte:

$$\stackrel{\_}{\_} - \cup \cup \stackrel{'}{} \cup - \qquad \stackrel{\_}{\_} - \cup \cup \stackrel{'}{} \_$$
$$\cup \stackrel{-}{} \cup \ \cup \stackrel{\_}{\_} \cup \_ \qquad \cup \stackrel{-}{} \cup \ \cup \stackrel{\_}{\_} \_$$

Daneben kommen aber die Kola
$- \stackrel{-}{} \cup \ \cup \ | \_ - '$ und $- - \cup \_ - \cup - |$
nicht selten bei den Dramatikern in glykoneischen Strophen, hauptsächlich im Anfange und am Schlusse von Perioden vor, wo man nach den Versen der Umgebung gar nicht daran zweifeln kann, dass dieselben die Geltung einer Tetrapodie oder eines Dimeters hatten. So beginnt im Oedipus Rex v. 1186 die Strophe mit ·

ἰὼ γενεαὶ βροτῶν

und schliesst v. 1195 mit

οὐδὲν μακαρίζω

und werden wir unten im speciellen Theil noch vielen ähnlichen Versen der Art begegnen. Auch Pindar scheint in Pyth. VIII den Vers 3 und in Ol. IX den Vers 7 und vielleicht auch das 2. Kolon von VV. 3—6 in ähnlicher Weise gemessen zu haben[1]). Wenn aber zu den angezogenen Versen des Sophokles noch Bellermann in seiner Ausgabe des Oedipus einfach bemerkt: 'Vers 1 und 4 haben statt der Basis blos einen Auftakt', so ist mit dieser Bemerkung uns wenig gedient, zumal damit gar nicht erklärt

---

1) Wenn ich mich bezüglich Pindars reservirt ausdrücke, so hat dieses darin seinen Grund, dass an einer anderen Stelle Nem. IV 4 die fragliche Sylbe in allen Strophen kurz ist. Bestimmter lässt sich die tetrapodische Messung von dem Distichon des Theokrit fr XVII aufstellen:

ἅ τε φωνὰ Δώριος χὠνὴρ ὁ τὰν κωμῳδίαν
εὑρὼν Ἐπίχαρμος.

$- \cup - \cup \_ - \cup - \cup \_ | - \cup - \cup | - \cup \stackrel{\_}{} |$
$\_ - \cup \cup | \_ \quad \_ |$

ist, warum jene erste Sylbe fast ausnahmslos lang ist. Vielmehr wird man die Taktgleichheit entweder mit H. Schmidt, Kunstf. II 53 durch dreizeitige Messung der ersten Länge oder durch Heranziehung einer leeren Zeit herstellen müssen:

— — ◡ ◡ | — ◡ —, oder ◠ — ◡ ◡ — ◡ —
— — ◡ | — ◡ —, oder ◠ — — ◡ | — ◡ —

Die zweite Messung verdient immer im Anfang einer Periode den Vorzug und ist unbedingt da anzunehmen, wo statt der beginnenden Länge auch eine Kürze zugelassen ist. Besonders zu beachten ist dabei noch, dass manchmal dem kopflosen Kolon ein überschüssiges, d. i. ein auf einen Spondeus statt auf einen Trochäus oder eine dreizeitige Länge endigendes Kolon vorangeht, so dass sich gleichsam der überschüssige und der unvollständige Takt gegenseitig ergänzen, wie in Eur. Helena v. 1301 f.

ὀρεία ποτὲ δρομάδι κώλῳ ◡ — — ◡ ◡ | — — ◡ — ◡
μάτηρ θεῶν ἐσύθη.   — — ◡ | — ◡ —

wo man geradezu schreiben und messen könnte:

ὀρεία ποτὲ δρομάδι κώ- ◡ — — ◡ ◡ — ◡ ◡ — |
λῳ μάτηρ θεῶν ἐσύθη. — ◡ — ◡ — ◡ —

3) **Kopflose Anfangsverse jonischer Systeme.** Das jonische Lied in dem 1. Stasimon des Prometheus beginnt mit

στένω σε τᾶς οὐλομένας τύχας, Προμηθεῦ.

Diesen Vers könnte leicht jemand choriambisch messen wollen:

◡ | — ◡ — | — ◡ ◡ — ◡ | — ◡ — —

Aber dagegen spricht der Ausgang des Verses, indem fast in allen choriambischen Versen die 2 schliessenden Längen einen eigenen Doppelfuss, nicht den 2. Theil eines Doppelfusses bilden, mehr aber noch der jonische Charakter des ganzen Liedes, wesshalb schon Dindorf, Metra Aesch. Soph. Eur. et Arist. p. 6 richtig bemerkt: versus sunt ionici a minore, non choriambici. Stellen wir aber jonischen Rhythmus her, so erhalten wir im Anfang einen unvollständigen Fuss

◠ ◡ — ◡ | — — ◡ ◡ — ◡ — ◡ | — —

An einer anderen Stelle, in der Elektra des Sophokles v. 1066—9 geht den vollständigen Jonikern ein Daktylus voraus, der also gleichfalls nur einen Theil des ersten Doppelfusses repräsentirt:

ὠ χϑονία βροτοῖσι Φάμα, ‾◡ ◡ | — ◡ — ◡ | — —
κατά μοι βόασον οἰκτρὸν ◡ ◡ | — ◡ — ◡ | — —
ὕπα τοῖς ἐνερϑ' Ἀτρείδαις ◡ ◡ | — ◡ — ◡ | — —
ἀχόρευτα φέροισ' ὀνείδη. ◡ ◡ |‾◡ ◡ — ◡ — —

vgl. Aesch. Pers. 648 und 659, Eur. Heracl. 910, Pind. Pyth. VIII 5.
Wenn wir aber hier den beginnenden kyklischen Daktylus als zweiten Theil des ersten unvollständigen Doppelfusses fassen, so geht diese Annahme von der Voraussetzung aus, dass dipodisch gemessene Kola nie mit Tripodien und Pentapodien verbunden worden seien. In dem folgenden Kapitel werden wir dieser Frage näher treten, dabei aber sehen, dass einzelne Tripodien unter katalektischen oder akatalektischen Tetrapodien schwerlich unbedingt abzuweisen sind. Daher bleibt auch hier die Möglichkeit, dass der 1. Vers gar nicht in Doppelfüsse zu zerlegen ist, mithin auch nicht mit einem unvollständigen Doppelfuss anfängt. Dann muss man annehmen, dass blos durch den Ausgang des 1. Verses auf 2 Längen der Uebergang zu den nachfolgenden gebrochenen Jonikern angebahnt sei.

4) Endlich gibt es noch eine Reihe einzelner scheinbar mit einer ein- oder zweisylbigen Anakrusis beginnender Verse, bei denen der Zusammenhang der Strophe ergibt, dass sie vielmehr mit einem Ionicus a maiore anfangen. Dabei ist besonders darauf zu achten, ob die gewöhnlich als Auftakt betrachtete Anfangssylbe wirklich den Charakter einer syll. anc. trägt, ob sie nicht vielmehr in Strophe und Antistrophe gleichmässig lang ist; denn dann hat immer die Ansicht, dass jene Sylbe einen anderen rhythmischen Werth als den eines Auftaktes repräsentire, von vornherein einen hohen Grad von Wahrscheinlichkeit. So ziehen wir die erste Sylbe in das rhythmische Gefüge in

— ‾◡ ◡ | — ◡ — ◡ | — —

ῥαπτῶν ἐπέων τὰ πόλλ' ἀοιδοί (Pind. Nem. II 2)

vergl. Pind. Pyth. II 8, Nem. III 1. IV 7, Soph. Oed. C. 211, 1244 und Sappho fr. 53.

— ‾◡ ◡ | — ◡ — ◡ | — ◡ — ◡ | — —

χωρεῖν πρὸ δόμων λέγοισιν ἄσπετόν τι ϑαῦμα (Soph. Trach. 960)

— — ‾◡ ◡ | — ◡ — ◡ — —

τίνι τῶν πάρος ὦ μάκαιρα Θήβα (Pind. Isth. VI 1).

vgl. Pindar Nem. III 8, X 1, Pyth. X 6, Eur. Hec. 927.

$$\smile\smile-\smile\smile\;-\smile\smile-\smile\smile\;|-\smile-$$
Μερίλα διά γάρ πιρός ήλθ' ίτίρῳ λίχει (Eur. Andr. 487)
$$\smile\smile-\smile\smile\;|--$$
φαεσίμβροτοι αίγαι
ικέτας υποδεχθείς (Eur. Heracl. 750 u. 757).

vgl. Eur. Andr. 125. 1034, Arist. Av. 1319 f.

Auch hier würde man um die von uns gebilligte jonische Messung herumkommen, wenn man die Verse in einzelne Takte statt in Doppeltakte zerlegen dürfte. Da aber dieselben nicht blos als Proodoi oder Epodoi auftreten, sondern sich auch mitten unter dipodisch gemessenen Versen finden, so spricht die grössere Wahrscheinlichkeit dafür, dass auch sie in Dipodien zu zerlegen sind, was dann die jonische Messung des ersten Fusses zur natürlichen Folge hat. Schwerlich indess hatte dieser Jonicus auf der ersten Sylbe einen gleich starken Ictus, wie die übrigen Doppelfüsse; namentlich führt uns das rhythmische Gefühl bei dem an letzter Stelle angeführten Kolon unwillkührlich auf die Betonung
$$\smile\smile-\smile\smile\;'-$$

IV.
Tripodien neben dipodisch gemessenen Versen.

Vollkommene Taktgleichheit fordert, dass nicht nur die einzelnen Takte einander gleich sind, sondern dass auch innerhalb der Periode immer gleich viele einfache Füsse zu einem zusammengesetzten Fuss vereinigt werden, dass mit anderen Worten nicht der eine Theil dipodisch, der andere monopodisch oder tripodisch gemessen werde. Entsprechen dieser höheren Forderung der Taktgleichheit auch die Gesänge der Griechen?

Bevor wir an die Beantwortung dieser Frage gehen, müssen wir zuerst festzustellen suchen, welche Versmasse nicht nach einfachen, sondern nach zusammengesetzten Füssen zu messen sind. Denn H. Schmidt hat sich in seinen Kunstformen der griechischen Poesie die Sache sehr leicht gemacht, indem er die Kola aller Strophen monopodisch misst. Aber schon Apel, Metrik I 467 hat treffend von dieser Methode bemerkt, dass man mit ihr Alles rechtfertigen könne. Es spricht aber gegen die durchgängige monopodische Messung die übereinstimmende Lehre der alten

Rhythmiker und Metriker, welche nicht blos die jambischen und trochäischen Reihen, sondern auch die jonischen und choriambischen und ausserdem sämmtliche gemischten Verse dipodisch messen. Und setzt man sich auch leichten Fusses über den 'Unverstand der alten Schulpedanten' hinweg, wie will man die Thatsache erklären, dass in den anapästischen, trochäischen, glykoneischen und logaödischen Gedichten die Tetrapodie der Art vorherrscht, dass sie unter andern Heimsöth geradezu zum Grundschema der melischen Composition erheben konnte? Es geht also sicher nicht an, alle melischen Verse monopodisch zu messen. Aber bei welchen Rhythmen ist man berechtigt oder genöthigt dipodische Messung anzunehmen? Sicherlich vor allem bei jenen Versmassen, in denen die Dipodie einen bestimmten äusseren Ausdruck gefunden hat, also namentlich in anapästischen, epitritischen, jonischen und choriambischen Perioden. Zweifelhafter stellt sich die Sache schon bei den jambischen und trochäischen Perioden der Tragödie. Denn diese sind bekanntlich in der Regel so gebaut, dass alle Füsse rein sind; es fehlt also in ihnen an äusseren Anzeichen, welche zur Zusammenfassung von 2 einfachen Füssen zu einem Doppelfuss nöthigen. Aber möglich, ja wahrscheinlich bleibt jene Zusammenfassung doch, da die den Dimetern Trimetern Tetrametern entsprechende Zahl von 4 6 8 einfachen Füssen unverändert beibehalten worden ist. Sodann fehlen bekanntlich auch in den trochäisch-jambischen Versen der Tragiker die zweifelhaften Sylben nicht ganz, stehen aber ausnahmslos nur an solchen Stellen, welche bei dipodischer Messung eine zweifelhafte Sylbe zuliessen, wie in Aesch. Prom. 163 = 182, Eur. Hel. 170. 174. 197, Phoen. 1717, Iph. Aul. 281. Endlich ist es auch nicht ohne Gewicht, dass wenn 2 Füsse hintereinander Synkope erleiden, dieselben regelmässig einem Doppelfuss angehören und sich nie auf zwei vertheilen. Ich bin daher geneigt auch für die reinen Trochäen und Jamben die dipodische Messung als Regel aufzustellen, gebe jedoch zu, dass gerade der eigenthümliche Bau dieser Verse Ausnahmen begünstigte und dass jambische oder trochäische Tripodien und Pentapodien namentlich wenn sie an letzter oder vorletzter Stelle der Periode stehen, wie in Aesch. Pers. 552 Eur. Phoen. 338. 1715, Suppl. 77, Soph. Ant. 881, nicht mehr Anstoss erregen dürfen wie daktylische Tripodien und Pentapodien in der gleichen

Stellung. Grössere Bedenken bezüglich der Messung nach Dipodien erregen die Glykoneen und ihnen verwandte Verse, wenn man sie nach der Methode Hermanns skandirt. Denn sondern wir bei dem Glyconeus den ersten Fuss als Basis ab

$$\text{..} - \smile \smile - \smile -$$

dann bleibt eine Tripodie, keine Tetrapodie übrig. Aber wiewohl auch ich glaube, dass der erste Fuss jener Verse ursprünglich bei den äolischen Dichtern ausserhalb des Taktes stund und dass die logaödischen Kola nicht von Hause aus dipodisch gebaut waren, so legt doch schon die veränderte Behandlungsweise jenes Fusses bei Pindar und den attischen Dichtern die Vermuthung nahe, dass später mit dem Umsichgreifen der dipodischen Messung eine andere Auffassung eintrat und auch die ehemalige Basis mit in das Taktgefüge hineingezogen wurde. Entscheidend aber spricht für die dipodische Messung der Glykoneen bei den Dramatikern ihre Verbindung mit trochäischen und daktylischen Tetrapodien; auch ist von grossem Gewicht die syll. anc. in dem sogenannten ersten Glykoneion

$$- \smile \smile - \mathrel{\triangledown} - \smile -$$

bei Aristophanes Equ. 552 = 582, welche sich nur erklären lässt, wenn mit dem zweiten Fuss ein Metron schliesst.

Ausser Zweifel steht sodann die dipodische Messung in den Versen des gemischten jonischen oder choriambischen Rhythmengeschlechtes, wie in dem anakreontischen alkäischen sotadeischen eupolideischen kratineischen priapeischen Tetrameter und dem phaläkischen Trimeter:

$$\begin{aligned}
&- \smile \smile - \smile \mid - \smile - \mid - \smile \smile - \smile \mid - - \wedge \mid \\
&\smile \smile \mid - - \smile \smile \mid - - \smile \smile \mid - - \smile \smile \mid - - \\
&- - \smile \smile \mid - \smile - \smile \mid - \smile - \smile \mid - - \wedge \mid \\
&- \triangledown - \triangledown \mid - \smile \smile - \mid - \triangledown - \triangledown \mid - \smile - \mid \\
&- \smile \smile - \smile \mid - \smile - \mid - \triangledown - \triangledown \mid - \smile - \mid \\
&- \triangledown - \smile \smile \mid - \smile - \mid - \triangledown - \smile \smile \mid - - \wedge \mid \\
&- \triangledown - \smile \smile \mid - \smile - \smile \mid - - \wedge \mid
\end{aligned}$$

sowie in dem von Theokrit Idyll. 29 nachgeahmten äolischen Verse der Sappho

$$\text{..} - \smile \smile \mid - \smile \smile - \smile \smile \mid - \smile - \mid$$

Endlich hat nach dem Zeugniss der alten Metriker (vgl. Metr. § 183) die dipodische Messung auch in den daktylischen Hypermetern

Platz gegriffen, und werden wir namentlich ein aus Tetrapodien und Dipodien aufgebautes daktylisches System unbedenklich nach Doppelfüssen messen dürfen. Aber auf der anderen Seite gibt es ebenso unzweifelhaft auch Verse, welche nur monopodische Skandirung zulassen. Dahin gehören vorerst alle diejenigen Verse, welche sich aus Tripodien aufbauen. Die älteste und verbreiteste Tripodie aber war die daktyliche von der Form

$$-\cup\cup-\cup\cup--$$

Ihr steht in dem ungleichen Rhythmengeschlecht der Dochmius zur Seite. Denn mag man denselben analysiren, wie man will, auf eine Tripodie kommt man jedenfalls hinaus. Ferner liegen Tripodien zu Grunde den Versen

$$\overset{\text{\textperiodcentered}}{-}\cup-\cup-\overset{\text{\textperiodcentered}}{-}\cup-\cup-$$
πῶς ἂν εἰσίδοιμ' | ἄθλιός σ' ἀνήρ (Sophocles)

$$\cup\overset{\text{\textperiodcentered}}{-}\cup-\cup-\cup\overset{\text{\textperiodcentered}}{-}\cup-\cup-$$
ὀρᾷς ἀεὶ λίην· | πολλοῖσι γὰρ μέλεις (Anacreen)

$$\overset{\text{\textperiodcentered}}{\cup}-\cup-\overset{\text{\textperiodcentered}}{-}\cup-\cup-\cup-\overset{\text{\textperiodcentered}}{-}\cup-$$
ὃν πατὴρ ἔχει | Διὸς ἑτοῖμον αὖ, τῷ πάρεδρον (Pindar)

$$\cup\overset{\text{\textperiodcentered}}{-}\cup-\cup\cup-\cup\overset{\text{\textperiodcentered}}{-}\cup-\cup-\cup$$
Ἐρασμονίδη Χαρίλαε, | χρῆμά τοι γελοῖον (Archilochus)

$$\cup\overset{\text{\textperiodcentered}}{-}\cup-\cup-\cup\overset{\text{\textperiodcentered}}{-}\cup-\cup-\cup$$
mortales immortales ' si foret fas flere (Epigr. Naevii).

Bei anderen Versen aber erheben sich Zweifel, ob man sie in Tripodien oder Dipodien zerlegen soll. So ist der daktylische Hexameter ursprünglich aus 2 Tripodien aufgebaut

$$\overset{\text{\textperiodcentered}}{-}\cup\cup-\cup\cup--\overset{\text{\textperiodcentered}}{-}\cup\cup-\cup\cup--$$
ὥς φάτο δάκρυ χέων, τοῦ δ' ἔκλυε Φοῖβος Ἀπόλλων.

Aber der lateinische Grammatiker Marius Victorinus p. 70 ed. K lehrt ausdrücklich, dass derselbe auch in 3 Dipodien zerlegt werden könne, und es fragt sich nun, welche der beiden Messungen in jedem einzelnen Falle anzunehmen sei. Sodann hat den kleineren asklepiadeischen Vers Apel I 476 in 2 Tripodien zerlegt

$$\overset{\text{\textperiodcentered}}{-}\cup-\cup\cup-\overset{\text{\textperiodcentered}}{-}\cup\cup-\cup-$$
ἦλθες ἐκ περάτων, γᾶς ἐλεφαντίναν (Alcaeus)

Auch ist diese Analyse von Horaz und den lateinischen Dichtern durch die regelmässige Cäsur nach der 6. Sylbe bestimmt angedeutet; aber die alten Metriker messen unseren Vers dipodisch

$$- \overset{-}{\smile} - \smile \smile \,|\, - - \smile \smile - \smile -$$

und diese Messung erhält einen gewissen Rückhalt daran, dass die griechischen Dichter die Cäsur nach der 6. Sylbe oft vernachlässigten.

Noch schwieriger stellt sich die Sache bei den eigentlichen Logaöden, da ihr daktylisches Element auf monopodische, ihr trochäisches auf dipodische Messung schliessen lässt, mehrere unter ihnen der dipodischen Skandirung sich willig fügen, andere hinwieder hartnäckig widerstreben.

Unterliegt so schon die Vorfrage, welche Kola und Verse nach Dipodien und welche nach Tripodien oder Einzelfüssen zu messen seien, grossen Schwierigkeiten, so steigern sich dieselben noch erheblich bei Erledigung der Hauptfrage, ob die Griechen sich erlaubt haben innerhalb derselben Strophe oder Periode von dipodisch gebauten Gliedern zu monopodischen überzugehen. Von einer unbedingten Verneinung dieser Frage kann von vornherein nicht die Rede sein; denn sichere Thatsache ist es, dass Archilochus in den epodischen Dichtungen daktylische Tripodien mit jambischen Dimetern und Trimetern verbunden hat, und dass sich auch die dramatischen Dichter nicht scheuten in Wechselgesängen mit vorherrschendem dochmischen Rhythmus einzelne jambische Dimeter und Trimeter sowie logaödische Tetrapodien einzulegen, ja dass selbst Plautus, der in seinen Canticis den dipodischen Bau mit ungleich grösserer Consequenz als die Griechen durchgeführt hat, neben kretischen Dimetern und Tetrametern nicht selten katalektische trochäische Tripodien gebrauchte; s. meine Metrik S. 310. Es kann sich daher die Untersuchung nur um die zwei Punkte drehen,

1) haben die Dichter bei Verbindung von ursprünglich verschieden gemessenen Elementen jene rhythmische Verschiedenheit aufzuheben gesucht?

2) dürfen die in dipodisch gemessenen Strophen vereinzelt vorkommenden Tripodien durch rhythmische Mittel den Versen der Umgebung angepasst und zu Tetrapodien erhoben werden?

Um mit dem ersten Punkt zu beginnen, so war bei der Vereinigung von daktylischen und jambischen Elementen ein doppeltes Verfahren möglich: entweder behielt jedes der beiden Elemente die ihm eigenthümliche Gliederung, oder es akkommodirte sich ein Element dem anderen sowohl in Bezug auf die Zeitgrösse der einzelnen Füsse, als auch in Bezug auf die Grösse der zusammengesetzten Füsse. Das erste war aller Wahrscheinlichkeit nach in der epodischen Poesie des Archilochus der Fall, so dass also in ihr ein Taktwechsel innerhalb der Periode angenommen werden muss; das zweite scheint mehr oder minder in der nacharchilochischen Poesie, in der chorischen Lyrik und im attischen Drama eingetreten zu sein. Das ist durch die Umgestaltungen angedeutet, welche beide Elemente bei ihrer Vereinigung in der jüngeren Poesie erlitten haben. Ehedem konnten in den daktylischen Versen an allen Stellen Spondeen mit Daktylen wechseln; in den mit Trochäen und Epitriten verbundenen daktylischen Gliedern erlangte der reine Daktylus ein fast ausschliessliches Vorrecht. Doch war diese Veränderung mehr für das Zeitmass der einzelnen Füsse als für die Art der Skandirung von Bedeutung. Nach beiden Seiten aber übten die Modificationen, welche im Bau der jambischen und trochäischen Glieder eintraten, ihren bestimmenden Einfluss. Denn wenn in den Daktylo-Epitriten an die Stelle des trochäischen Metron $-\smile-\smile$ das epitritische $-\smile--$ trat, so trug dieses zur Ausgleichung des Zeitmasses der einzelnen Füsse entscheidend bei, zumal wenn die einzelnen Epitriten, was alle Wahrscheinlichkeit für sich hat, folgenden rhythmischen Werth erhielten

$-\smile--$ ♩ ♪ ♩ ♩

Und wenn in den Daktylo-Trochäen das trochäische oder jambische Kolon sich der Freiheit der syll. anceps begab, so nahm es damit einen Charakter an, der die monopodische Messung ermöglichte und eine verbindende Brücke zu den monopodisch gemessenen Daktylen schlug.

Aber bei der Annahme einer blossen Annäherung ist weder die alte noch die neue Rhythmik stehen geblieben. Den Versuch einer völligen Ausgleichung machten nämlich die alten Rhythmiker, welche nach Marius Victorinus p. 73 K. daktylische Hexameter von der Form

$-\smile\smile-\smile\smile---\smile\smile-\smile\smile--$

statt in 6 einfache Füsse in 2 περίοδοι δωδεκάσημοι zerlegten, deren jede aus 4 Füssen

$$- \cup | \cup - | \cup \cup | - - |$$

bestehe. Denn damit sollte doch wohl erklärt werden, wie in gemischten Strophen z. B. in dem Hymnus auf die Muse

Καλλιόπεια σοφὰ Μουσᾶν προκαθαγέτι τερπνῶν
καὶ σοφὲ μυστοδότα Λατοῖς γόνε Δάλιε Παιάν
εὐμενεῖς πάρεστέ μοι

daktylische Tripodien neben zwölfzeitigen trochäischen und glykoneischen Tetrapodien vorkommen konnten. Aber die Zerlegung einer daktylischen Tripodie in einen Trochäus Jambus Pyrrichius Spondeus ist eine solche Ausgeburt verstandloser Schulweisheit, dass wir auf dieselbe in keiner Weise eingehen können.

Weit verständiger ist der Versuch neuerer Rhythmiker in den Daktylo-Epitriten die daktylischen Elemente mit den epitritischen auszugleichen. Schon Feussner nämlich hat den Vers Pindars

ὅσσα δὲ μὴ πεφίληκε Ζεὺς ἀτύζονται βοάν

folgender Massen gemessen:

$$- \cup \cup - \cup \cup | - \cup - | - \cup - - | - \cup - \wedge |$$

Auf solche Weise wurden in den Daktylo-Epitriten nicht blos die einzelnen Füsse zur selben Zeitgrösse erhoben, sondern wurde auch die dipodische Messung von den Epitriten auf die scheinbaren daktylischen Tripodien übertragen, so dass eine vollständige rhythmische Ausgleichung der nach dem äusseren Sylbenwerth so ungleichen Elemente eintrat. Es ist nicht zu leugnen, dass eine solche Ausgleichung sehr gut dem hesychastischen Charakter der dorischen Musik und der daktylo-epitritischen Poesie entspricht. Auch ist es möglich, dass jene Messung wirklich manchmal vom Dichter beabsichtigt war; aber als Norm und Regel kann sie nicht aufgestellt werden. Vor allem wird dieselbe nicht bewiesen durch die von Feussner angezogene Stelle der Harmonik des Aristoxenus p. 34 ed. Meib. καὶ τὸ αὐτὸ[2]) μέγεθος πόδα τι δύναται

---

2) Die Handschriften haben αὐτὸ τὸ μέγεθος und so liest auch ohne Beanstandung der neueste Herausgeber Marquard; aber der Sinn verlangt gebieterisch τὸ αὐτὸ μέγεθος.

καὶ συζυγίαν. Denn dieser Satz hat mit den Daktylo-Epitriten nichts zu thun, sondern bezieht sich, wie Marquard in seinem Commentar der Schrift S. 300 bemerkt, auf die gemischten jonischen Verse und will nur besagen, dass in diesen Versen die Grösse von 6 Zeiten sowohl einen jonischen Fuss als einen trochäischen Doppelfuss bilden kann, wie in dem Sotadeus

$$- \smile - \smile \,|\, - - \smile \smile \,|\, - \smile - \smile \,|\, - -$$

Sodann würde man aber auch mit der Adoption jener Messung zu rhythmischen Werthen kommen, die jeder Wahrscheinlichkeit entbehren und mit der Ueberlieferung der alten Theoretiker in direktem Widerspruche stehen. Denn einmal steht am Schlusse der daktylischen Tripodie einige Mal (s. meine Metrik S. 587) ein Trochäus statt eines Spondeus, wie in Pindar Nem. X 65

καὶ πάθον δεινὸν παλάμαις Ἀφαρητίδαι Διός

so dass man also entweder auch einer syll. anc. den Umfang einer μακρὰ τετράσημος geben oder der ersten Länge den Werth von 7 Zeiten beilegen müsste. Sodann kommt gar nicht selten der Fall vor, dass der 2. Theil des Spondeus unterdrückt ist, und dieses selbst ohne dass mit der ersten Länge ein Wort schliesst, wie in Pindar Pyth. I 5

αἰετόυ πυρός · εὕδει δ' ἀνὰ σκήπτρῳ Διὸς αἰετός.

Es müsste also angenommen werden, dass eine Dipodie nicht blos durch einen einfachen Fuss, sondern auch durch einen Theil eines einfachen Fusses vertreten werden könne, oder mit anderen Worten, dass es Sylben von dem rhythmischen Werthe von 8 Zeiten gegeben habe. Solche Dehnungen kommen ja auch in der modernen Musik vor, aber weder kennt die Theorie der alten Musiker eine grössere Länge als die μακρὰ πεντάχρονος noch lässt der Charakter der antiken Poesie eine solche vermuthen.

Wir werden also zugeben müssen, dass die Alten sich erlaubten, dipodische und tripodische Rhythmen mit einander zu verbinden, ohne darin eine Störung der rhythmischen Gleichmässigkeit zu finden [3]). Aber

---

[3] In dem Texte habe ich nur diejenigen Verbindungen von Daktylen und Trochäen berücksichtigt, in denen die dipodische Messung nicht zur durchgängigen Geltung gekommen ist, die Daktylo-Epitriten und die epodischen Daktylo-Iamben. Daneben gibt es aber auch noch daktylo-trochäische Verse und Perioden, in denen alle Glieder so gebaut sind, dass je zwei einfache Füsse einen zusammen-

wenn sie dieses sich auch in Perioden gestatteten, welche aus verschiedenartigen rhythmischen Elementen zusammengesetzt waren, so fragt es sich doch, ob sie auch bei Verbindung gleichartiger Kola eine einzelne Tripodie unter Dipodien und Tetrapodien zu setzen sich erlaubten, ob mit anderen Worten in jambischen trochäischen jonischen choriambischen glykoneischen Versen und Strophen eine einzelne Tripodie oder Pentapodie geduldet werden dürfe. Dabei kommen aber von vornherein die akatalektischen Tripodien und Pentapodien gar nicht in Betracht, da diese aller Wahrscheinlichkeit nach durch Dehnung der vorletzten Länge den rhythmischen Werth von Tetrapodien oder Hexapodien erhielten, wie

$$- \cup - \cup \cup ' - - \wedge |$$
οἷς μὴ μέτριος αἰών.

$$- \cup \cup - \cup | - \cup \cup - \cup | - - \wedge |$$
τᾶς κερασφόρου λέςτκεν Ἰοῖς.

Auch jambische und logaödische Kola, in denen drei vollständigen Füssen eine Länge vorausgeht, müssen ausser Berechnung bleiben, da auch sie durch dreizeitige Messung der beginnenden Länge zu Tetrapodien erhoben werden können, wie in Eur. Phoen. 684 ff.

Περσέφασσα καὶ φίλα
Δαμάτηρ θεά,
πάντων ἄνασσα, πάντων δὲ Γᾶ τροφός.

$$- \cup - \cup | - - - |$$
$$- \cup - \cup | - - - |$$
$$- \cup - \cup | - \cup \cup | - \cup \cup | -$$

Uebrig bleiben demnach nur die katalektischen Tripodien und die scheinbaren auf 2 Längen endigenden Dipodien und Tetrapodien mit und ohne Anakrusis:

$$- \cup - \cup - \qquad\qquad - \cup - \cup - - -$$
$$\cup - \cup - \cup - \qquad - \cup - \cup - \cup - -$$

---

gesetzten Fuss bilden. Es gehören in diese Kategorie insbesondere die hyporchematischen Daktylo-Trochäen und diejenigen trochäischen Strophen, in denen das trochäische Element derart vorherrscht, dass dem Grundstock der trochäischen oder jambischen Verse nur ein oder der andere daktylische Vers beigemischt ist. Diese Daktylen sind aber auch keine eigentlichen, sondern kyklische Daktylen und unterscheiden sich auch äusserlich in ihrem Bau von den vierzeitigen Daktylen des heroischen Epos. Denn während im Epos sowie in den Epoden und den daktylo-epitritischen Strophen die Tripodie vorherrscht, ist hier das herrschende Mass der 4 füssige Dimeter oder die Tetrapodie und der brachykatalektische Trimeter oder die Pentapodie. Als Beispiele dieser dipodischen Daktylo-Trochäen aber können gelten die Strophen in Aesch. Agam. 160—7, 975—87, Choeph. 585—98, Eum. 526—37, Soph. Oed. Col. 1670—87, Eur. Cycl. 356—74, 609—23, Bacch. 576—95, Arist. Av. 1313—22, Lys. 1279—90.

Dass nun diese Kola vorkommen, bedarf keines Nachweises; dafür hat jeder Kenner der Dramatiker ein Dutzend von Stellen bei der Hand. Aber es fragt sich, ob nicht ihr Vorkommen auf Stellen eingeschränkt war, an denen sie keine Störung der dipodischen Messung herbeiführten. In dieser Beziehung ist aber vor allem zu beachten, dass solche Tripodien am gewöhnlichsten ihre Stelle am Schlusse oder am Anfange von Perioden oder Versen haben. Am Versschluss aber geben die Pausen, welche an jenen Stellen nicht blos zulässig, sondern geradezu nöthig sind, ein ebenso einfaches als unverfängliches Mittel an die Hand, um die scheinbare Tripodie zu einer Tetrapodie zu ergänzen, und auch im Anfang hilft uns unsere Lehre von der häufigen Unvollständigkeit des ersten Fusses über die Schwierigkeiten weg.

Es finden sich aber Tripodien am Schlusse von dipodisch gemessenen Perioden und Versen in Pindar Ol. 1 6

ἄλλο θαλπνότερον ἐν ἀμέρᾳ φαεννὸν ἄστρον ἐρήμας δι' αἰθέρος.
$- \smile \smile - | - \smile \smile - | - \smile \smile - | - \smile \smile - | - \smile \smile -$

ebenso in Pind. Pyth. VIII 4 u. 6, X 6, Nem. III 3, Isthm. VII 5 u. 7, Simonides 37, 4 B.

ferner in Aristoph. Lys. 1307

τᾷ σιῶν χοροὶ μέλοντι | καὶ ποδῶν κτύπος.
$- \smile - \smile | - \smile \smile - | - \smile - - -$

ebenso Arist. Lys. 1295, Av. 853, Aesch. Suppl. 137, Eur. Iph. Aul. 295, Hec. 210.

Euripides Elect. 121

φεῦ φεῦ τῶν σχετλίων πόνων | καὶ στυγεράς ζόας.
$- \equiv \smile \smile - - \smile - | \smile \smile \smile \smile -$

ähnlich Eur. Alc. 990, Heracl. 799, Med. 647, Cycl. 81, El. 447, Iph. Aul. 1088.

Soph. Philoct. 1175

εἰ σὺ τὸν ἐμοὶ στυγερὰν Τρῳάδα γᾶν μ' ἤλπισας ἄξειν.
$- \smile \smile - | - \smile \smile - | - \smile \smile - | - \smile \smile -$

ähnlich Aesch. Agam. 687 u. 1506, Choeph. 331. 384 u. 811, Pers. 659, Prom. 166, Suppl. 662, Soph. Aias 701, Eur. Rhes. 345. 351. 360. 860.

Eur. Bacch. 536.
Διονύσου χάριν οίνας | ἔτι σοι τοῖ βρομίοι μελήσει.
⏑ ⏑ | — — — ⏑ | — —, ⏑ — ' — — — ⏑ | — — —

Vergleiche den Versus Reizianus Metr. S. 381, ferner Eur. Med. 438, Aesch. Prom. 129, Terentius Adelph. 614.
Anacreon fr. 19 u. 20

πέτρης ἐς πολιὸν κῦμα κολυμβῶ μεθύων ἔρωτι.
τρέψας θυμὸν ἐς ἥβην τερένων ἡμιόπων ὑπ' αὐλῶν.
— ⏑ — ⏑ ⏑ ׀ — — ⏑ ⏑ — ⏑ ׀ — — —

Sappho (?) bei Hephaestion c. 11
Κρῆσσαι νύ ποθ' ὧδ' ἐμμελέως πόδεσσιν
ὠρχεῦντ' ἁπαλοῖς ἀμφ' ἐρόεντα βωμόν.
— — ⏑ ⏑ | — — ⏑ ⏑ | — ⏑ — —

Anacreon bei Hephaestion c. 12
μεγάλῳ δηὖτέ μ' Ἔρως ἔκοψεν ὥστε χαλκεύς. [4]
⏑ ⏑ | — — ⏑ ⏑ | — — — ⏑ | — — —

Umgekehrt geht nicht selten, namentlich in daktylischen und logaödischen Perioden eine einzelne Tripodie als Proodos mehreren Tetrapodien voraus, wie in Arist. Nub. 275

Ἀένναοι Νεφέλαι
ἀρθῶμεν φανεραὶ δροσερὰν φύσιν κτλ.

oder Soph. Phil. 176

ὦ παλάμαι θεῶν,
ὦ δύστανα γένη βροτῶν κτλ.

Eur. Med. 180

ἀλλὰ βᾶσά νιν
δεῦρο πόρευσον οἴκων.

und ähnlich in Eur. Andr. 790, Iph. Aul. 235. 256. 1088. 1276, El. 150 u. 452, Suppl. 960, Phoen. 331, Troad. 1081, Ion. 212, Cycl. 361, Rhes. 367, Aesch. Choeph. 345, Agam. 211, Soph. Aias 1199, Phil. 1090, El. 479, Arist. Av. 676.

4) Vielleicht kann jedoch in einigen der hier angezogenen Verse der tripodische Ausgang durch andere Messung, durch Absonderung der ersten Sylbe als Auftakt wie in

Κρῆσσαι νύ ποθ' ὧδ' ἐμμελέως πόδεσσιν — | — ⏑ ⏑ — | — ⏑ ⏑ — ⏑ | — —

oder durch Zerlegung des Verses in 2 Kola, wie in

μεγάλῳ δηὖτέ μ' Ἔρως ⏑ ⏑ | — — ⏑ ⏑ | —
ἔκοψεν ὥστε χαλκεύς ⏑ | — ⏑ — ⏑ | — —

beseitigt werden.

Mit diesen epodischen und proodischen Tripodien könnten wir uns also leicht abfinden. Aber der Gebrauch der Tripodien ist nicht ausschliesslich auf jene Stellen beschränkt; es finden sich ausserdem einige Dutzend von Tripodien in der Mitte oder an vorletzter Stelle der Periode. Lassen sich nun vielleicht auch diese Tripodien und Pentapodien durch rhythmische Mittel mit der dipodischen Messung der umgebenden Kola in Einklang bringen? Das ginge leicht an allen Stellen, wenn man sich erlauben dürfte der Schlusslänge die Bedeutung nicht blos eines einfachen Fusses, sondern einer ganzen Syzygie zu geben, wenn man also z. B. in den Trachinierinnen v. 527 ff. messen dürfte:

τὸ δ' ἀμφινείκητον ὄμμα νύμφας ⏑ | – ⏑   – | – ⏑ – ⏑ | – –
ἐλεινὸν ἀμμένει   ⏑ | – ⏑   – ⏑ ! –   ⏓ |
κἀπὸ ματρὸς ἄφαρ βέβακεν   – ⏑ – ⏑ ⏑ | – ⏑ – ⏑ |
ὥσπερ πόρτις ἐρήμα.   – ⏓ – ⏑ ⏑ | –   – ⌃ |

Aber ich nehme Anstand eine so grosse Dehnung einer Sylbe, zumal wenn sie nicht durch Zuhilfenahme leerer Zeiten etwas reducirt werden kann, in die alte Rhythmik einzuführen. Hingegen lässt sich an vielen Stellen mit anderen unbedenklicheren Mitteln auskommen. Nicht selten bedarf es blos einer richtigeren Kolometrie, wie z. B. in den Thesmophoriazusen v. 966, wo nicht mit Dindorf abzutheilen ist

ῥυθμὸν χορείας ἔπαγε πᾶσα · βαῖτε
καρπαλίμοιν ποδοῖν

sondern mit H. Schmidt im Einklang mit der Interpunction

ῥυθμὸν χορείας ἔπαγε πᾶσα ·
βαῖτε καρπαλίμοιν ποδοῖν.

Manchmal wird auch mit Conjectur eine Abhilfe zu treffen sein, wie in Eur. Suppl. 825

ματέρες τάλαιναι τέκνων

wo Hartung mit Recht τέκνων getilgt hat, oder in Eur. Hel. 1501

[γλαυκὸν] ἔλιον ἐπ' οἶδμα κυανέχροά τε κυμάτων
ῥόθια πολιὰ θαλάσσης

wo ich γλαυκὸν als Glosse von κυανόχροα zu tilgen vorschlage, oder in Eur. Cycl. 616

ἀλλ' ἴτω Μάρων πρασσέτω

wo das unsinnige *Μάχων* mit *μαρμαροῦν* vertauscht werden dürfte, oder in Iph. Taur. 1135

ἀέρι δὲ [ἰστία] πρότονοι κατὰ πρῷραν ὑπὲρ στόλον ἰκπετάσουσι πόδα.

wo *ἰστία* eine Glosse zu *πόδα* zu sein scheint[b]). Gewagter, aber nicht überkühn ist die Entfernung der Tripodie durch spondeische Messung der scheinbaren Basis, die ich in Anbetracht des feierliches Tones unbedenklich annehme in Arist. Thesm. 368

Ζεῦ ὢ παγκρατές   — — | — — — |

und die vielleicht auch in Soph. Ant. 136, Eur. Hec. 482, Herc. fur. 677 zu billigen ist. Auch eine Entfernung der Tripodie durch rhythmische Verbindung zweier aufeinander folgender Kola, wie in Soph. Oed. Col. 129 (vgl. Ant. 104, Iph. Aul. 176, Pind. Pyth. VIII 5)

ὃς τρέμομεν λέγειν
καὶ παραμειβόμεσθ' ἀδέρκτως
— — ⌣ — | — . — ⌣ — | — ⌣ ⌣ — | — — ⌢ |

und an allen Stellen, wo 2 Tripodien aufeinander folgen, wie in Eur. Alc. 218

δῆλα μέν, φίλοι, δῆλα γ' ἀλλ' ὅμως
— — — ⌣ | — . — ⌣ | — — — |

möchte ich nicht unbedingt ablehnen, wiewohl Apel von diesem Mittel einen übertriebenen, äusserst bedenklichen Gebrauch gemacht hat. Aber immer bleiben noch einige Fälle übrig, an denen man mit den angeführten Mitteln weniger leicht auskömmt, wie in Aesch. Agam. 404 f. 775, Suppl. 42, Soph. Ant. 807, Aias 1209, Trach. 528, Oed. Col. 1246, Eur. Alc. 982, Andr. 799, Bacch. 873. 875, Med. 660, Hec. 453, Troad. 1295, Hel. 1303. 1453, Phoen. 1023—5, Orest. 992—4, Iph. Aul. 1040. 1045. 1080, Rhes. 680[6]). Glückt es aber nicht an allen Stellen die Tripodien und Pentapodien mit Sicherheit zu entfernen, so wird das Zutrauen zur Anwendung jedes kühneren Mittels und selbst der Glaube

---

5) Umgekehrt sind nicht selten durch verkehrte Emendationen falsche Pentapodien in den Text gekommen, so selbst durch G. Hermann in Aesch. Agam. 170. 889, Prom. 425.

6) Mit den aufgezählten jambischen und logaödischen Tripodien sind auch noch die katalektischen daktylischen in Verbindung zu bringen, welche sich in einigen trochäischen Strophen, namentlich als κῶλον προῳδικόν und παρατέλευτον finden, wie in Aesch. Prom 164, Pers. 181, Eur. Andr. 137. 464, Troad. 1081. 1094—8, Iph. Aul. 1485. 1489. 1494, Bacch. 1162, Suppl. 835.

an die dipodische Messung der diesbezüglichen Verse erschüttert. Indess so viel steht doch unter allen Umständen fest, dass in jambischen trochäischen glykoneischen choriambischen Strophen Tripodien nur ausnahmsweise und fast nur am Anfang und am Schluss der Periode zugelassen wurden, und dass sich im Laufe der Zeit die Abneigung gegen Tripodien immer mehr steigerte. Einer specielleren Untersuchung wird es vielleicht gelingen hier noch bestimmtere Grenzen zu ziehen und den Kreis der Freiheit noch mehr einzudämmen. Insbesondere wird es sich empfehlen dabei zu untersuchen, ob nicht zwischen Aeschylus und den jüngeren Dramatikern auch in diesem Punkte ein Unterschied besteht, und ob nicht einzelne Liedergattungen, wie insbesondere das Hyporchem, einer Mischung von Dipodien und Tripodien günstiger gewesen sind.

Wiewohl ich meine Untersuchung auf die Dramatiker beschränken wollte, so scheint es doch in diesem dunklen Punkte von Wichtigkeit zu sein noch einen Seitenblick auf die Lyriker und speciell auf Pindar zu werfen. Bei Pindar also ist es noch weit bedenklicher in logaödischen Strophen den Gebrauch von Tripodien neben Dipodien und Tetrapodien absolut in Abrede stellen zu wollen. Der thebanische Dichter hat sogar in Daktylo-Epitriten neben daktylischen Tripodien ab und zu auch daktylische Dipodien und Tetrapodien gebraucht (s. Metrik S. 585); gar nicht so selten aber finden wir bei ihm Tripodien in den logaödischen Strophen und zwar nicht blos an dem Versende. An einigen Stellen zwar lässt sich vielleicht ein Einklang durch Absonderung der Basis herstellen, wie in Isthm. VI 5

ἴστω γὰρ σαφές, ἔστις ἐν ταύτᾳ νεφέλᾳ χάλαζαν
αἵματος πρὸ φίλας πάτρας ἀμύνεται.

– – | ‿́‿ ‿ ‿ – ‿ ‿́ ‿ ‿ ‿ – – ‿́ ‿ – – ‿ ‿ ‿́ ‿ – – –

Aber an anderen Stellen ist auch dieser Ausweg abgeschlossen, wie in Ol. I ep. 3. 4 u. 7, Ol. II ep. 3, Pyth. V 4, ep. 6. Indess hoffe ich doch auch bei Pindar gerade dadurch, dass ich in den logaödischen Strophen von der dipodischen Gliederung als der herrschenden Regel ausgehe, in die Analyse jener schwierigen Strophengattung grössere Sicherheit zu bringen.

V.
Die rhythmische Continuität innerhalb der Strophe.

Bei Quintilian IX 4, 51 lesen wir: inania quoque tempora rhythmi facilius accipient, quamquam haec et in metris accidunt. maior tamen illic licentia est, ubi tempora etiam inania[7]) metiuntur et pedum et digitorum ictu et intervalla signant quibusdam notis atque aestimant, quot breves illud spatium habeat. Wir sehen daraus, dass in den Rhythmen oder den zum Gesang bestimmten lyrischen Gedichten von dem Dichter oder Componisten die leeren Zeiten mit in den Rhythmus eingerechnet und nach ihrer Grösse bestimmt wurden. Damit steht in Einklang, wenn von dem Anonymus περὶ μουσικῆς unterschieden wird ein

$$\kappa\epsilon\nu\grave{o}\varsigma\ \beta\rho\alpha\chi\acute{v}\varsigma \qquad \frown$$
$$\kappa\epsilon\nu\grave{o}\varsigma\ \mu\alpha\kappa\rho\acute{o}\varsigma \qquad \bar{\frown}$$
$$\kappa\epsilon\nu\grave{o}\varsigma\ \mu.\ \tau\rho\acute{i}\sigma\eta\mu o\varsigma \qquad \bar{\bar{\frown}}$$
$$\kappa\epsilon\nu\grave{o}\varsigma\ \mu.\ \tau\epsilon\tau\rho\acute{a}\sigma\eta\mu o\varsigma \qquad \times$$

Denn diese verschiedenen Zeichen setzen voraus, dass nicht eine beliebig lange Pause an dem Schlusse eines Kolon oder einer Periode angenommen wurde, sondern dass dieselbe eine genau normirte Zeit auszufüllen bestimmt war. Etwas Auffälliges hat diese Lehre von vornherein für uns nicht; umgekehrt müsste es uns befremden, wenn es bei den Alten keine eingerechneten emmetrischen Pausen gegeben hätte. Denn ähnliche Pausezeichen haben wir ja auch in unsern Melodienbüchern, und kaum können wir uns vorstellen, wie bei Marschgesängen eine grössere Schaar hätte Schritt halten können, wenn es nicht genau festgesetzt gewesen wäre, wie viele Schritte während der Pausen am Schluss der einzelnen Perioden gemacht werden durften.

Aber auf der anderen Seite muss doch daran erinnert werden, dass es recht wohl auch Lieder ohne emmetrische Pausen geben konnte. Denn ohne Pause zwar kann keine längere Strophe gesungen oder declamirt werden; wird dieselbe aber von einem Einzelnen vorgetragen, so braucht keine Störung befürchtet zu werden, wenn es in das Belieben desselben gestellt wird, ob er eine Achtel- oder eine Viertel- oder eine Halbezeit an dem Schlusse der einzelnen Sätze ausruhen wolle.

---
7) So habe ich bei Halm das handschriftliche etiam animo gebessert.

Und selbst beim Chorgesang ist auch ohne emmetrische Pausen ein geordneter Zusammenklang möglich, wenn nur der Chormeister mit der Hand oder der accompagnirende Musiker mit der Flöte ein Zeichen gibt, wann mit dem Gesang des folgenden Satzes begonnen werden soll. Quintilian selbst deutet an, dass es bei den Alten in den mehr zur Declamation bestimmten Gedichten keine emmetrischen Pausen gab, und in den Melodienbüchern des byzantinischen Mittelalters gibt es wohl Zeichen für das längere Anhalten der Schlusssylben der einzelnen Kola und Perioden, aber keine für die den Versschluss begleitenden Pausen. Auch darf nicht übersehen werden, dass jene zwei Nachrichten, von denen wir oben ausgegangen sind, aus verhältnissmässig später Zeit stammen und uns keinen sicheren Schluss auf die klassische Periode der griechischen Musik und Poesie zu machen erlauben.

Treten wir nun ohne jedes Vorurtheil in die Untersuchung unserer Frage ein, so werden wir am besten von den gewöhnlichen κατὰ στίχον gebrauchten Versen ansgehen. Bei diesen treffen wir aber eine zweifache Behandlung der Pausen. Die ältesten Verse, der daktylische Hexameter und der jambische Trimeter haben wohl einen rhythmischen Abschluss, aber keinen Platz für eine emmetrische Pause weder in der Cäsur noch auch am Versende. In der Cäsur entrathen wir leicht eines eigenen Raumes für die Pause, da hier der Vortragende nur so kurze Zeit mit der Stimme einhalten durfte, dass der Verzug ausser Berechnung bleiben konnte. Aber am Ende des Verses kann und konnte Niemand ohne merkliche Pause auskommen; gleichwohl aber hat auch diese keinen Ausdruck in dem Versbau gefunden. Bei dem Vortrag der Epen des Homer und der Jamben des Archilochus ward also gewisser Massen mit jedem Vers der rhythmische Gang unterbrochen und fing mit jedem neuen Vers eine neue selbständige rhythmische Periode an.

Anders sind die jüngeren Verse, der anapästische trochäische jambische sotadeische Tetrameter und der Hendekasyllabus gebaut; in ihnen allen lässt der Text Raum für die Pause am Versschluss, indem das letzte Metron unvollständig ist und um 2 bis 3 Zeiten hinter seinem gesetzmässigen Umfang zurückbleibt. Diese 2 Zeiten wurden wenigstens zum Theil durch χρόνοι κενοί ausgefüllt. Ich sage zum Theil, weil auch durch längeres Anhalten der Schlusssylbe bei kretischem, und der vorletzten Sylbe bei spondeischem Ausgang ein Theil jener Zeit in Anspruch genommen werden konnte. Dieses Verhältniss schien den Späteren so naturgemäss zu sein, dass Aristoxenus nach Marius Victorinus p. 63 K. in jenen älteren Versen eine kurze Schlusssylbe bevorzugte, damit doch wenigstens etwas Raum für die die Verse trennende Pause übrig bliebe: Aristoxenus musicus dicit breves finales in metris, si collectiores sint, eo aptiores separationi versus a sequente versu fieri idcircoque in sexta sede trisyllabos figura non ponitur, quia moram habet; at contra dissyllabos familiaris est, quia celerius desinit et eo magis, si posteriorem syllabam brevem habuerit[6]).

Aehnlich, so lässt sich von vornherein vermuthen, werden nun auch die Verhältnisse in den ποιήματα κατὰ περίοδον oder in den zum Gesang bestimmten Gedichten gewesen sein. Auch hier konnte der Dichter entweder die zum Ausruhen nöthigen Zeiten in dem Texte offen halten, oder die Strophe so componiren, dass die am Schlusse der einzelnen Absätze selbstverständlichen Pausen im Texte der Strophe ausser Berechnung blieben. Nur mussten sich bezüglich der Grösse und Stellung der Pausen die Verhältnisse in den ποιήματα κατὰ περίοδον etwas anders wie in den ποιήματα κατὰ στίχον gestalten. Im Allgemeinen nämlich pflegten die den einzelnen Versen des Epos und Dialoges entsprechenden Absätze (περίοδοι) der Strophen von grösserem Umfang zu sein, so dass ein einzelner Satz nicht selten aus drei vier und mehr Gliedern bestund, während es Regel war, dass ein Vers nur 2 Glieder haben sollte. Die Folgen dieses Unterschiedes in der Grösse der Sätze äusserten sich in doppelter Weise, einmal darin, dass die Ruhepunkte am Ende der einzelnen Kola an Umfang wuchsen und somit auch einen Ausdruck im Texte zuliessen, und zweitens darin, dass die Pause des Hauptschlusses am Ende der Periode sich nicht mehr in der engen Grenze von 1—3 Zeiten zu halten brauchte. Das sage ich aber nur in dem Sinne, dass uns in den lyrischen Strophen emmetrische Pausen am Schlusse der Kola und längere bis zum Umfang eines Doppelfusses ausgedehnte Pausen

---

6) Keil in der Ausgabe des Victorinus ergänzte nach in sexta sede den Genetiv trimetri iambici. Mit Recht unterliess Hense. de Iuba artigrapho p. 219 jene Ergänzung, da es zweifelhaft ist, ob sich jene Bemerkung auf den Trimeter oder den Hexameter bezieht.

am Schlusse der Perioden nicht befremden dürfen, keineswegs in dem, dass wir eine derartige Gestaltung der Pausenverhältnisse in allen lyrischen Partien voraussetzen müssen. Denn gerade umgekehrt treffen wir in den parakatalogischen oder zum melodramatischen Vortrag bestimmten Partien, in den anapästischen Systemen und in den numeri continuati der Lateiner, weder emmetrische Pausen am Schlusse der Kola noch längere die Grösse der Versschlusspausen überragende Pausen am Schlusse der Systeme, und auch in anderen Compositionen, namentlich in allen Systemen und systemartig gebauten daktylischen Gesängen werden wir durch die Texte - auf kleine und seltene Pausen innerhalb der Strophe hingewiesen.

Ein zweiter Unterschied der Pausenverhältnisse in den lyrischen Perioden gegenüber denen der stichischen Compositionen hängt mit der Verschiedenheit der Zeitwerthe der einzelnen Sylben zusammen. In den gewöhnlichen Versen hatte jede Sylbe den Werth entweder von 1 oder von 2 Zeiten, in der Lyrik gab es auch Längen von mehr als 2 Zeiten und Kürzen von weniger als 1 Zeit. Kam nun eine mehrzeitige Länge an den Schluss eines katalektischen Kolon zu stehen, so könnte es recht wohl geschehen, dass ein Theil der überschüssigen Zeit für das Ausruhen der Stimme verwendet wurde, so dass man also z. B. in Strophen, wie

βαρεῖα δ' ἀστῶν φάτις ξὺν κότῳ·
δημοκράντου δ' ἀρᾶς τίνει χρέος·
μένει δ' ἀκοῦσαί τί μου
μέριμνα νυκτηρεφές.

zwischen folgenden zwei Notirungen schwanken kann:

-|--- -|--- |---^| -|--- -|--- |---|
-|--- -|--- |---   --- -|--- -|---
-|--- ----|--- |---^| -|---,-|---|---|

Das Gleiche ist der Fall, wenn Kola oder Verse einer Strophe auf Spondeen ausgehen; denn auch da kann man, wie z. B. in demselben Stasimon des Agamemnon

διώκει παῖς ποτανὸν ὄρνιν
πόλει πρόστριμμ' ἄφερτον ἐνθείς

zweifeln, ob man die vorletzte Sylbe dreizeitig messen

-|--|---|--,-|---|----|--:

oder eine Pause am Schlusse des Kolon

$\smile|--|-\smile-\smile|-\overline{\smile}\wedge|\smile-|-\smile-\smile|-\overline{\smile}\wedge|$

ansetzen soll. Das Richtige wird wohl sein, dass das eine und das andere stattgefunden hat, je nachdem der Gedanke in Strophe und Antistrophe an der betreffenden Stelle fortging oder eine in der Interpunction ausgedrückte Unterbrechung erhielt. Aber in jedem Falle war dem Bedürfniss der Stimme nach Ruhepunkten hinlänglich Rechnung getragen, indem die Stimme nicht blos ausruht, wenn sie vollständig verstummt, sondern auch wenn sie länger auf einer Sylbe verweilt.

Gehen wir nach diesen Vorbemerkungen näher auf unsere Frage ein, so wird man zur Annahme, dass die dramatischen Dichter in ihren Strophen emmetrische Pausen gesetzt haben, dann am ehesten geneigt sein, wenn die Texte so gebaut sind, dass sie sich der Einfügung von Pausen in mässigen Zwischenräumen und namentlich an dem Schlusse von Perioden leicht fügen. Das ist aber zunächst der Fall, wenn die Verse oder Systeme katalektisch schliessen, wie in Eur. Orest. 831 ff.

τίς νόσος ἢ τίνα δάκρυα καὶ
τίς ἔλεος μείζων κατὰ γᾶν
ἢ ματροκτόνον αἷμα χειρὶ θέσθαι;

oder wenn das erste Kolon der neuen Periode ein κῶλον ἀκέφαλον ist, indem entweder eine ganze Sylbe fehlt oder die erste Sylbe kurz statt lang ist, wie in Eur. Hel. 1506 ff.

δύσκλειαν δ' ἀπὸ σιγγόνου
βάλετε βαρβάρων λεχέων,
ἃν Ἰδαίων ἐρίδων κτλ.

oder in Soph. Ant. 100 ff.

ἀκτὶς ἀελίου, τὸ κάλ-
λιστον ἑπταπύλῳ φανὲν
Θήβᾳ τῶν προτέρων φάος,
ἐφάνθης ποτ', ὦ χρυσέας κτλ.

Auch spricht es für emmetrische Pausen, wenn an vorletzter Stelle ein katalektischer Vers zu stehen kommt, da die griechischen Dichter es liebten vor dem Schlusskolon den Rhythmus noch einmal anstauen oder durch eine Pause unterbrechen zu lassen. Es ist daher von grosser Bedeutung, dass Aeschylus so häufig in den synkopirten Trochäen vor dem Schlusskolon eine daktylische Pentapodie setzt, wie in Agam. 165

οὐκ ἔχω προσεικάσαι   – – – – | – – – |
πάντ' ἐπισταθμώμενος   – – – – | – – – |
πλὴν Διός, εἰ τὸ μάταν ἀπὸ φροντίδος ἄχθος   –◡–◡–◡–|–◡–◡–◡|–◡–^|
χρὴ βαλεῖν ἐτητύμως.   – – – – – – – |

Ferner gewinnt die Annahme fortgehenden Taktes an Wahrscheinlichkeit, wenn in dem Falle, dass der Schlusstakt des vorausgehenden Kolon durch die scheinbare Anakrusis des folgenden seine Ergänzung erhält, diese Anakrusis in Strophe und Antistrophe durch eine kurze Sylbe vertreten wird, wie in Soph. Ant. 360 = 370

παντόπορος· ἄπορος ἐπ' οὐδὲν ἔρχεται   – ◡ – ◡ – | – – ◡ – ◡ | – – –
τὸ μέλλον· Ἄιδα μόνον   – | – – – | – – – |
φεῦξιν οὐκ ἐπάξεται·   – – – – | – – –
νόσων δ' ἀμηχάνων φυγὰς ξυμπέφρασται.   – | – – – – ◡ – – – | – – – *

Auf der anderen Seite begegnen aber auch nicht wenige rhythmische Anzeichen, welche uns gegen die Annahme von eingerechneten Pausen einnehmen. Bedenken erregen schon die Verse, welche so schliessen, dass der noch nicht durch den Text ausgefüllte Takttheil von der Anakrusis des folgenden Verses in Anspruch genommen wird, da an solchen Stellen für eine Pause kein Platz mehr übrig bleibt, wie in Aesch. Pers. 128 ff.

σμῆνος ὣς ἐκλέλοιπεν μέλισσᾶν σὺν ὀρχάμῳ στρατοῦ·
τὸν ἀμφίζευκτον ἐξαμείψας
 – ◡ – | – ◡ – | – – ◡ – ◡ – ◡ | – ◡ –
 – | –   – | – ◡ – ◡ | – – |

Doch erregt diese Stelle noch weniger Bedenken, weil einerseits die Anakrusis in Strophe und Antistrophe kurz ist und anderseits gleich auf die Anakrusis 2 dreizeitige Längen folgen, auf denen die Stimme hinlänglich ausruhen kann. Mehr Anstoss aber erregen Verse, in denen an der Stelle, wo man Raum für eine Pause wünscht, eine syll. anceps steht, also eine Sylbe, welche den regulären Zeitwerth noch etwas überschreitet und um so weniger ein Pausiren der Stimme duldet, wie in Arist. Ran. 1100 ff. (vgl. Anacreon fr. 21)

χαλεπὸν οὖν ἔργον διαιρεῖν,   – ◡ – ◡ – = | – ◡ – = |
ὅταν ὁ μὲν τείνῃ βιαίως,   – ◡ – – = | – ◡ – = |
ὁ δ' ἐπαναστρέφειν δύνηται   – ◡ – ◡ – ; – – – = |
κἀπερείδεσθαι τορῶς   – ◡ – = | – ◡ – |

oder in Eur. Bacch. 902 ff.

εὐδαίμων μὲν ὃς ἐκ θαλάσσας
ἔφυγε χεῖμα λιμένα δ᾽ ἔκιχεν·
εὐδαίμων δ᾽ ὃς ὕπερθε μόχθων
ἐγένεθ᾽· ἕτερα δ᾽ ἕτερος ἕτερον
ὄλβῳ καὶ δυνάμει παρῆλθεν.

oder in Aesch. Prometh. 415 ff.

Χαλκίδος δὲ γᾶς ἔνοικοι
παρθένοι, μάχας ἄτρεστοι,
καὶ Σκύθης ὅμιλος, οἳ γᾶς
ἔσχατον τόπον κτλ.

Nimmt man auch an derartigen Stellen nicht geradezu an, dass sie die Lehre von den emmetrischen Pausen über den Haufen zu werfen geeignet sind, so wird man doch jedenfalls zugeben müssen, dass sie eine Retardirung des Rhythmus an dem Ende der einzelnen Sätze voraussetzen, die mit den strengen Regeln der modernen Taktgleichheit wenig vereinbar ist. Aber völlig ins Gedränge kommt der Verfechter emmetrischer Pausen durch Stellen, wo nicht blos kein Platz für die Pause in dem Texte offen gehalten ist, sondern auch ein kluffender Hiatus den Schluss der ersten und den Anfang der zweiten Periode von einander trennt. Stellen der Art sind Soph. Oed. Col. 1214 u. 1218

ὅστις τοῦ πλέονος μέρους
χρῄζει τοῦ μετρίου παρεὶς
ζώειν, σκαιοσύναν φυλάσ-
σων ἐν ἐμοὶ κατάδηλος ἔσται.
ἐπεὶ πολλὰ μὲν αἱ μακραὶ
ἁμέραι κατέθεντο δὴ
λύπας ἐγγυτέρω, τὰ τέρ-
ποντα δ᾽ οὐκ ἂν ἴδοις ὅπου,
ὅταν τις ἐς πλέον πέσῃ κτλ.

Aesch. Choeph. 458 f.

στάσις δὲ πάγκοινος ἅδ᾽ ἐπιρροθεῖ,
ἄκουσον ἐς φάος μολών

ferner Aesch. Suppl. 147, Choeph. 627, Soph. Oed. R. 890. 1227, Trach. 108, Eur. Med. 416, Bacch. 82, Hec. 641, El. 442, Herc. f. 350, Arist. Thesm. 1156, Vesp. 1064; vgl. Alcman 16, 22, Anacreon 75, 3. Diese Stellen scheinen, wenn sie nicht wegemendirt werden können, wie man in Arist. Vesp. 1064 versucht hat, der Annahme von emmetrischen Pausen entschieden zu widerstreiten. Es gibt indess einen Weg sich auch mit ihnen abzufinden; der besteht darin an dem Schlusse der betreffenden Perioden grosse einen ganzen Doppelfuss ausfüllende Pausen anzunehmen; in der Stelle des Oedipus Coloneus und der Bacchen ist sogar die Interpunktion der Annahme so grosser Pausen nicht ungünstig; doch verhehle ich nicht meine Abneigung gegen derartige Ausdehnungen der Pausen, wie sie in unserer Zeit namentlich M. Schmidt bei Sophokles und Pindar anzunehmen liebte, da wir ganz umgekehrt an der überwiegenden Mehrzahl der Stellen durch die Formation des Textes auf kleine, nach unserer Empfindung sogar überkleine Pausen innerhalb der Strophen hingewiesen werden. Ich ziehe es daher meinerseits vor, entweder zur Annahme eines illegitimen Hiatus meine Zuflucht zu nehmen oder für jene Strophen den Beweis des Mangels emmetrischer Pausen für erbracht zu halten.

Es wird aber ferner die Lehre, dass die Pause, welche den Versschluss begleitete, keine emmetrische war und keinen Ausdruck im Texte gefunden hatte, wesentlich noch unterstützt durch die Stelle in der Lysistrate 1191 f. = 1206 f.

$$\text{οὐ φθόνος ἔνεστί μοι πᾶσι παρέχειν φέρειν}$$
$$\text{τοῖς παισίν, ὁπόταν τε θυγάτηρ τινὶ κατηγορῇ.}$$
$$| - \smile \smile | - \smile \smile | \quad | - \smile \smile | - \smile \smile |$$
$$= | - \smile \smile | - \smile \smile | - \smile \smile | - \smile -$$

Denn hier soll gerade dadurch, dass zwischen die beiden kretischen Tetrameter eine Sylbe getreten ist, eine engere Zusammenfassung der beiden Verse bewirkt werden. Das ist aber nun doch nur dann möglich, wenn die Zeit, welche sonst durch die die zwei kretischen Tetrameter trennende Pause eingenommen zu werden pflegte, hier durch die dazwischen geschobene Sylbe ausgefüllt wurde; da nun aber jene Sylbe ausserhalb des rhythmischen Gefüges steht, so geht daraus hervor, dass auch die reguläre Pause keine Stelle im Rhythmus hatte, also keine emmetrische war. Dasselbe Verhältniss ist ähnlich, wenn auch minder prägnant in Arist. Vesp. 1520 ff., Soph. Oed. R. 487, Phil. 141, 1201, Aesch. Prom. 891 ausgeprägt.

Endlich wird man auch gegen emmetrische Pausen eingenommen, wenn der Text solche nur in allzu grossen Zwischenräumen anzusetzen erlaubt. Es geht aber z. B. im Oed. Col. v. 228 ff. der Rhythmus durch 28 Takte ununterbrochen fort, ohne dass eine Stelle für eine Pause offen gelassen sei:

οὐδενὶ μοιριδία τίσις ἔρχεται   — ◡ ◡ — ◡ ◡ — ◡ ◡ — ◡ ◡
ὧν προπάθῃ τὸ τίνειν·   — ◡ ◡ — ◡ ◡ — ˘
ἀπάτα δ' ἀπάταις ἑτέραις ἑτέρα   — ◡ ◡ — ◡ ◡ — ◡ ◡ — ◡ ◡ —
παραβαλλομένα   — ◡ ◡ — ◡ ◡
πόνον οὐ χάριν ἀντιδίδωσιν ἔχειν,   ◡ ◡ — ◡ ◡ — ◡ ◡ — ◡ ◡ — |
σὺ δὲ τῶνδ' ἑδράνων πάλιν ἔκτοπος   ◡ ◡ — ◡ ◡ — ◡ ◡ — ◡ ◡
αὖθις ἄπορμος ἐμᾶς χθονὸς ἔκθορε   — ◡ ◡ — ◡ ◡ — ◡ ◡ — ◡
μή τι πέρα χρέος   — ◡ ◡ — ◡ ◡
ἐμᾷ πόλει προσάψῃς.   — ◡ ◡ — — — ≅ ⌢

Denn wenn wir auch nicht fortlaufende daktylische Tetrapodien in dieser Monodie annehmen, sondern den Text nach den Anzeichen des Sinnes so, wie wir gethan haben, in 3 Absätze schreiben, so bleibt doch kein Platz für eine emmetrische Pause innerhalb des Gesangs, wir müssten denn, was wenig Wahrscheinlichkeit für sich hat, nach τὸ τίνειν und nach ἔχειν grosse, mehr als einen Fuss umfassende Pausen annehmen wollen. Etwas ganz Aehnliches stösst uns in der Parodos der Wolken v. 277 ff. auf, wo erst nach dem 16. Doppeltakt für eine Pause eine Stelle im Texte offen gelassen ist:

πατρὸς ἀπ' Ὠκεανοῦ βαρυαχέος   — ◡ ◡ — ◡ ◡ | — ◡ ◡ — ◡ ◡ |
ὑψηλῶν ὀρέων κορυφὰς ἐπὶ   — — — ◡ ◡ | — ◡ ◡ — ◡ |
δενδροκόμους, ἵνα   — ◡ ◡ — ◡ |
τηλεφανεῖς σκοπιὰς ἀφορώμεθα,   — ◡ ◡ — ◡ ◡ | — ◡ ◡ — ◡ ◡ |
καρπούς τ' ἀρδομέναν ἱερὰν χθόνα   — — — ◡ ◡ | — ◡ ◡ — ◡ ◡ |
καὶ ποταμῶν ζαθέων κελαδήματα,   — ◡ ◡ — ◡ ◡ | — ◡ ◡ — ◡ ◡ |
καὶ πόντον κελάδοντα βαρύβρομον·   — — — ◡ ◡ | — ◡ ◡ — ◡ ◡ |
ὄμμα γὰρ αἰθέρος ἀκάματον σελαγεῖται   — ◡ ◡ — ◡ ◡ | — ◡ ◡ — ◡ ◡ | — — ⌢
μαρμαρέαις ἐν αὐγαῖς.   — ◡ ◡ — | — — ⌢ |

Ausser in den daktylischen[9], anapästischen und jambischen Compositionen lassen auch noch in den jonischen die Stellen, an denen der

---

[9] Zu beachten aber ist, dass der eigentliche Begründer des εἶδος κατὰ δάκτυλον, Ibykos seine Strophen so baute, dass ihre Gliederung auf das Bestimmteste zur Annahme von emmetrischen Pausen führt; vergleiche insbesondere fr. 1 u. 2 bei Bergk.

Text eine emmetrische Pause einzulegen gestattet, ausserordentlich lang auf sich warten, wie in der Exodos der Schutzflehenden des Aeschylus und in Horaz Od. III 12. Doch muss man nach der anderen Seite zugeben, dass in jonischen Strophen die Stimme weit weniger ein Bedürfniss nach öfter sich wiederholenden emmetrischen Pausen hatte, weil dieselbe auch ohne sie auf den 2 gedehnten Längen des jonischen Fusses ausruhen konnte. Weniger schon gilt diese Ausrede für die kretischen Liedern, in denen gleichfalls in längeren Zwischenräumen keine Stelle für eine Pause im Texte offen gelassen zu sein pflegt. Denn wenn auch der Creticus aus einer katalektischen trochäischen Dipodie entstanden ist und somit seine Schlusslänge leicht ein wenig über das Mass einer gewöhnlichen Länge ausgedehnt werden durfte, so reichte doch diese Kleinigkeit nicht aus, um die Stimme in erwünschtem Masse ausruhen zu lassen.

Wir haben bis jetzt für und wider die Annahme emmetrischer Pausen diejenigen Gründe erörtert, welche sich aus der für die Pause nöthigen Zeit herleiten lassen. Es kommt aber für unsere Frage auch noch ein anderer Gesichtspunkt in Betracht. In den ποιήματα κατὰ στίχον beginnen nämlich alle Verse in gleicher Weise mit demselben Takttheil, also entweder alle mit der Thesis, oder alle mit der Arsis. Dasselbe Verhältniss ist in den daktylischen und päonischen Strophen beibehalten worden; aber in den meisten anderen Strophengattungen, namentlich in den lognödischen und daktylischen wurde jene Einförmigkeit durchbrochen. Da pflegten vielfach die einen Verse mit der Thesis, die andern mit der Arsis zu beginnen, die einen akatalektisch, die anderen katalektisch, andere wieder brachykatalektisch zu schliessen. Jeden wohl, der sich nicht mit der blossen Notirung von kurz lang zufrieden gibt, hat schon die Frage beschäftigt, wie diese Ungleichheit zu erklären sei. Von selbst kommt man dabei auf den Gedanken, dass dieselbe mit den Pausen in Zusammenhang stehe, und der specielle Theil wird zeigen, dass dieses in der That vielfach der Fall ist. Doch lehrte mich eine eingehende sorgfältige Untersuchung der Sache, dass mit den emmetrischen Pausen ein Generalschlüssel zur Erklärung der diesbezüglichen Erscheinungen durchaus nicht gegeben ist. Denn hätte die Rücksicht auf die Verspausen den Grund abgegeben, weshalb ein Vers mit der Arsis ein anderer mit der Thesis anfängt, so sollte man erwarten, dass regelmässig, wenn der vorausgehende Vers mit einer Arsis abschliesst, der folgende wieder mit einer Arsis anfange, und dass nie auf eine mit der Thesis abschliessende Periode ein Vers mit beginnender Arsis folge. Nun gibt es aber nicht wenige Verse namentlich in den daktylo-epitrischen Strophen, welche gegen diese Regel verstossen, und sind die Ausnahmen durchaus nicht immer derart, dass man aus dem engeren Zusammenhang der betreffenden Verse den Mangel einer emmetrischen Pause erklären könnte. Wollte man aber sich damit aus der Verlegenheit ziehen, dass man in allen jenen Fällen die Pause statt blos die Hälfte eines Fusses einen ganzen Fuss oder gar einen Doppelfuss ausfüllen liesse, so würde auch gegen diese Annahme der Text an vielen Stellen entschieden Einsprache erheben. Denn wie wäre es z. B. denkbar, dass in Pind. Isth. III 4 die beiden Verse

$$Ζεῦ, μεγάλαι δ' ἀρεταὶ θνατοῖς ἕπονται$$
$$ἐκ σέθεν· ζώει δὲ μάσσων ὄλβος ὑπιζομένων$$

durch eine Pause von der Grösse eines Epitrit oder von 7—8 Zeiten von einander getrennt seien?

Ich kann daher nicht in der Rücksicht auf die Verspausen den massgebenden Grund erblicken, wesshalb verschiedene Verse einer Strophe mit verschiedenen Takttheilen beginnen. Auch fehlt es nicht an anderen Erklärungsgründen der fraglichen Erscheinungen. Die griechischen Dichter liebten den ersten einleitenden Vers einer Strophe und noch mehr den Schlussvers von dem übrigen Theile der Strophe durch eine rhythmische Unterbrechung zu trennen; ebenso deuteten sie gern den engeren Zusammenhang zweier Verse durch rhythmische Continuität an, wie sie umgekehrt beim Uebergang zu einem neuen Gedanken selten die Unterbrechung des Rhythmus versäumten; sodann liessen sie bei grösseren Einschnitten das letzte Kolon meist voll auf einen spondeischen Schluss auslaufen, und erhöhten beim Uebergang zu einem neuen Metrum die Bedeutung jener starken Schlussfigur noch durch den anakrusischen Anfang der neuen Periode; endlich nahmen auch noch die Dichter, namentlich die römischen Dramatiker auf den rhetorischen Accent der Wörter Rücksicht, so dass sie nicht leicht ein vollbetontes Wort oder deiktisches Pronomen im Versanfang anders als in der Arsis gebrauchten.

Achtet man auf diese Momente, so ergibt sich meist eine sehr einfache Erklärung der Verschiedenheit der einzelnen Verse einer Strophe in Bezug auf ihren Anfang und ihren Ausgang. Aber erkennt man auch in jenen Regeln der Compositionskunst die entscheidenden Gründe der verschiedenen Versausgänge und Versanfänge, so kann man doch nicht leicht den Gedanken los werden, dass die Rücksicht auf die Pausen und die Continuität des Rhythmus auch mit im Spiele gewesen sei; man wird diesen Gedanken aber um so weniger kurzweg abweisen, wenn man sich an die Stelle des Quintilian, von der wir ausgegangen sind, erinnert, wonach es innerhalb der lyrischen Perioden gemessene leere Zeiten gegeben hat.

Was ist nun das Facit aus all diesen Erwägungen für und wider? dass wie die *κατὰ στίχον* wiederholten Verse, so auch die Strophen der Lyrik nicht zu allen Zeiten und in allen Gattungen auf gleiche Weise in Bezug auf die Versschlusspausen behandelt wurden. Ich glaube aber 3 Stufen unterscheiden zu müssen, zu deren Abgrenzung ich sofort übergehen will.

1) Die Theile einer Periode oder Strophe folgen so aufeinander, dass innerhalb derselben nirgends eine förmliche Unterbrechung der regelrechten Aufeinanderfolge von Arsis und Thesis eintritt. Dieses Gesetz galt als Norm zunächst für alle Systeme, jedoch mit dem Unterschied, dass bei den einen, den anapästischen, auch jeder Hiatus im Innern des Systemes ausgeschlossen wurde, bei andern, wie den jambischen, sich ein unberechtigter Hiatus einschlich, wie bei Alkman im Parthenion und bei Anakreon fr. 75. Die gleiche Composition ging aber dann von den gleichartigen Epoden und Systemen auch auf die mannigfaltiger gestalteten Strophen der älteren Kunstrichtung über. Namentlich wurde dieselbe durchgeführt in den beiden schönsten Strophen der äolischen Melik, in der sapphischen und alkäischen, dann aber auch in den meisten Strophen des päonischen und daktylischen Rhythmus. Als Beispiel setze ich nur die eine Strophe des Stasimon in Eur. Heracl. 608—18 = 619—29 her:

Οἵτινά φημι θεῶν ἄτερ ὄλβιον
οὐ βαρύποτμον ἄνδρα γενέσθαι,
οὐδὲ τὸν αὐτὸν ἀεὶ βεβάναι δόμον
εὐτυχίᾳ· παρὰ δ' ἄλλαν ἄλλα

Μοῖρα διώκει· ˘ ‒ ‒ ‒ ‒
τὸν μὲν ἀφ' ὑψηλῶν βραχὺν ὤπισε,   ‒ ‒ ‒ ‒ ‒ ‒ ‒ ‒ ‒ ‒
τὸν δ' ἀίταν εὐδαίμονα τεύχει. ‒ ‒ ‒ ‒ ‒ ‒ ‒ ‒ ‒
μόρσιμα δ' οὔτι φυγεῖν θέμις· οὐ σοφία τις ἀπώσεται ‒ ‒ ‒ ‒ ‒ ‒ ‒ ‒ ‒ ‒ ‒ ‒ ‒
ἀλλὰ μάταν ὁ πρόθυμος ἀεὶ πόνον ἕξει. ‒ ‒ ‒ ‒ ‒ ‒ ‒ ‒ ‒ ‒ ‒ ‒ ‒ ‒ ‒ ⌒

Hier geht der Rhythmus ununterbrochen von Anfang bis zu Ende durch und nur der Schluss der ganzen Strophe hat durch den brachykatalektischen Ausgang des letzten Verses einen rhythmischen Ausdruck erhalten. Natürlich musste sich aber in einem so ausgedehnten Lied die Stimme des Sängers öfters eine Pause gönnen, auch fehlt es nicht an rhythmischen Anzeichen von Ruhepunkten am Schluss des 2. 4. 5. 7. Kolon; aber der Spondeus erfordert so viel Zeit zum Vortrag wie der Daktylus, mit dem schliessenden Spondeus an jenen Stellen war also noch kein Raum für eine emmetrische Pause gegeben. Kurzum in unserer Strophe ist für die Pausen innerhalb der Strophe kein Raum im Texte offen gehalten worden, sei es, dass der Dichter darin einem alten Gesetze der Composition daktylischer Strophen folgte, sei es, dass er damit den geringen Umfang der Pausen andeuten wollte. Ganz das Gleiche ist auch in den kretischen Strophen des Aristophanes der Fall, wo gleichfalls kein Platz für emmetrische Pausen sich findet, gleichwohl aber durch die Form der Füsse das Ende einzelner Verse innerhalb der Strophe angedeutet ist; vgl. Metrik S. 428.

2) In der dorischen Poesie der Daktylo-Epitriten wurde eine Strophengattung ausgebildet, in der theils in regelmässiger Ordnung Arsis auf Thesis folgte, theils eine Unterbrechung jener Folge sowohl am Ende einzelner Kola, als am Schlusse einzelner Verse nicht ohne Berücksichtigung der für die menschliche Stimme nothwendigen Pausen zugelassen wurde. Es ist das der Standpunkt, welchen Pindar, wie es scheint, in allen seinen Gedichten eingenommen hat, und welcher auch theilweise noch auf die Strophenbildung der dramatischen Dichter übergegangen ist. Jene Unterbrechung des Rhythmus im Texte der Strophe war aber an gewisse Regeln gebunden, nämlich

a) in der Regel erhielt die Thesis eines Fusses am Versende keinen Ausdruck im Texte, so dass im Texte Arsis auf Arsis folgte, wie in

τῶν δὲ μελλόντων τετύφλωνται φραδαί· ‒ ˘ ‒ ‒ ‒ ˘ ‒ ‒ ‒ ⌒
πολλὰ δ' ἀνθρώποις παρὰ γνώμαν ἔπεσεν. ‒ ˘ ‒ ‒ ‒ ˘ ‒ ‒ ‒ ⌒

b) mit einer in einer syll. anc. oder in 2 Kürzen bestehenden Anakrusis (Thesis) kann der zweite Vers beginnen, wenn der erste ein versus brachycatalectus oder catalectus in duas syllabas ist[10]), wie in Eur. Hec. 908

τοῖον Ἑλλάνων νέφος ἀμφί σε κρύπτει   – ⏑ – – – ⏑ ⏑ – – – ⏑ –
δορὶ δὴ δορὶ πέρσαν   – ⏑ – ⏑ – – –

und ähnlich Hec. v. 940

ἐξῴκισέν τ' οἴκων γάμος, οὐ γάμος ἀλλ' ἀ- = – – – – – ⏑ ⏑ – ⏑ ⏑ – ⏓
λάστορός τις οἰζύς·   – – – – ⏑ –
ἂν μήτε πέλαγος ἅλιον ἀπαγάγοι πάλιν   = – ⏑ – ⏑⏑ ⏑ – ⏑⏑ ⏑ ⏑⏑ ⏑ – ⏑ –

c) Der Rhythmus verbietet die Aufeinanderfolge eines akatalektisch schliessenden Verses und eines mit der Thesis beginnenden Verses. Eine Abweichung von dieser Regel ward nur statthaft befunden bei einem vollständigen Wechsel des Rhythmus, bei dem Uebergang zu einem neuen Abschnitt, ab und zu auch, wie in Pind. P. III ep. Isth. I ep., Soph. Oed. Col. 1736, Arist. Nub. 290 bei dem Abschluss der Strophe durch einen versus epodicus[11]).

---

10) Beachtenswerth und für die Messung entscheidend ist es, dass ein anakrusischer Anfang auch nach den kleinen Versen
     ⏑ – –   ⏑ – Eur. Hippol. 1104. Hec. 925.
     – ⏑ – –   – – Arist. Av. 1318.
     – ⏑ – – ⏑ – – Arist. Av. 406
     – ⏑   – – Soph. Trach. 499.

vorkommt; es scheinen eben diese Verse als katalektische Tripodien oder als brachykatalektische jonische Dimeter angesehen worden zu sein, wenigstens den Hauptictus auf der vorletzten Sylbe gehabt zu haben.

11) Ausnahmen von den 3 aufgestellten Regeln findet man bei Pindar nicht; auch bei den Dramatikern begegnen nur wenige und diese wenigen haben theils ihre Entschuldigung, theils lassen sie sich leicht wegemendiren. So ist in Aesch. Agam. 369 = 390 zu schreiben
     πάρεστιν (πάρεστι vulgo) τοῦτό γ' ἐξιχνεῦσαι ⏑ – ⏑ – – – ⏑ – – ⏑ – ⏑ – –
     προβούλου παῖς (προβουλόπαις vulgo) ἀφερτος ἄτας.
Ebendaselbst v. 412 ist die ganze Ueberlieferung unsicher und folgt Westphal Metr. II[r] 530 einer falschen Lesart. In Eur. Med. 208 f.
     διαλυτεῖ δ' ἄδικα παθοῦσα
     τὰν Ζηνὸς ὁρκίαν Θέμιν   αν
schlage ich die Tilgung von τάν vor, was aus der Correctur Ζηνος entstanden sein kann. In Eur. Androm. 796 f.
     Ἰλιάδα τε πόλιν ὅτι πάρος
     εὐδόκιμος ὁ Διὸς ἶνις
hat schon G. Hermann mit Recht den Artikel ὁ vor Διὸς getilgt. In Eur. Troad. 832
     αἱ δὲ ματέρες γεραιάς.
     τὰ δὲ σὰ δροσόεντα λουτρά

3) Die unter Nr. 2 entwickelten Gesetze galten für alle Strophen; während aber in den Daktylo-Epitriten, welche wir als Hauptvertreter der 2. Strophengattung betrachten, die Pausen blos in Berücksichtigung gezogen, nicht zum Ausgangspunkt der Composition erhoben wurden, führten die Dichter in einer dritten Art von Strophen das Princip der emmetrischen Pausen consequent durch, indem sie überall, wo sie eine längere Pause eingelegt wissen wollten, für dieselbe auch eine Stelle in dem Texte der Strophe offen liessen. Ich sagte absichtlich 'längere Pause', da die kleineren Ruhepunkte am Ende der einzelnen Kola auch in diesen Strophen meistens ohne Ausdruck im Texte blieben. Diese dritte Art der Composition scheint von den Marschliedern, namentlich von den Einzugs- und Auszugsliedern des Dramas ihren Ursprung genommen, von da aber sich auch auf andere Gesänge ausgebreitet zu haben. Beispiele werde ich in reicher Auswahl in dem Anhange geben; hier will ich nur im Allgemeinen bemerken, dass das Princip der emmetrischen Pausen sich am meisten in trochäischen glykoneischen und jonischen Strophen durchgeführt findet.

VI.

Taktwechsel.

Derselbe Quintilian, der uns die Hauptauktorität für die strenge Taktgleichheit der antiken Musik ist, spricht an der nämlichen Stelle, Inst. orat. IX 4 auch von dem Taktwechsel oder der $\mu\varepsilon\tau\alpha\beta o\lambda\dot{\eta}$ $\dot{\rho}\upsilon\vartheta\mu o\tilde{\upsilon}$. Genauere Detailbestimmungen über jenen Taktwechsel hat uns der griechische Musiker Aristides Quintilianus p. 42 erhalten: $\mu\varepsilon\tau\alpha\beta o\lambda\dot{\eta}$ $\delta\acute{\varepsilon}$ $\dot{\varepsilon}\sigma\tau\iota$ $\dot{\rho}\upsilon\vartheta\mu\iota\varkappa\dot{\eta}$, $\dot{\rho}\upsilon\vartheta\mu\tilde{\omega}\nu$ $\dot{\alpha}\lambda\lambda o\acute{\iota}\omega\sigma\iota\varsigma$ $\ddot{\eta}$ $\dot{\alpha}\gamma\omega\gamma\tilde{\eta}\varsigma\cdot$ $\gamma\acute{\iota}\nu o\nu\tau\alpha\iota$ $\delta\dot{\varepsilon}$ $\mu\varepsilon\tau\alpha\beta o\lambda\alpha\dot{\iota}$ $\varkappa\alpha\tau\dot{\alpha}$ $\tau\rho\acute{o}\pi o\upsilon\varsigma$ $\delta\dot{\omega}\delta\varepsilon\varkappa\alpha$

---

entschuldigt wohl die starke Interpunction die ungewöhnliche Aufeinanderfolge der Verse und die damit verbundene grössere Pause. Sehr auffällig ist die Anakrusis nach einer akatalektischen daktylischen Tetrapodie in Soph. Oed. R. 182 ff. = 171 ff.

ἐν δ' ἄλοχοι πολιαί τ' ἔπι ματέρες
ἀχὰν παραβώμιον ἄλλοθεν ἄλλαι
λυγρῶν πόνων ἱκετῆρες ἐπιστενάχουσιν.

Vielleicht ist hier zu messen

κατ' ἀγωγήν,
κατὰ λόγον ποδικόν,
ὅταν ἐξ ἑνὸς εἰς ἕνα μεταβαίνῃ λόγον,
ἢ ὅταν ἐξ ἑνὸς εἰς πλείους,
ἢ ὅταν ἐξ ἀσυνθέτου εἰς μικτόν,
ἢ ἐκ μικτοῦ εἰς μικτόν,
ἢ ἐκ ῥητοῦ εἰς ἄλογον,
ἢ ἐξ ἀλόγου εἰς ἄλογον,
ἢ ἐκ τῶν ἀντιθέσει διαφερόντων εἰς ἀλλήλους.

Also auch die alten Dichter und Musiker machten Gebrauch von der Freiheit des Taktwechsels, und scheinen dieselbe sogar in weiterem Umfang als die modernen geübt zu haben, namentlich seitdem Lasos von Hermione die freiere Art der Composition (διθυραμβικὴ ἀγωγή) in die Musik eingeführt hatte; s. Plutarch de mus. c. 29. Es liegt nicht in meiner Absicht die Lehre von dem Taktwechsel in der antiken Poesie im Einzelnen zu behandeln; ich beschränke mich darauf die Hauptpunkte hervorzuheben, welche mit der in diesem Aufsatz behandelten Frage in unmittelbarer Verbindung stehen.

Kaum den Namen eines Taktwechsels verdient es, wenn einer aus reinen Trochäen oder Jamben aufgebauten Periode ein einzelner irrationaler Trochäus oder Jambus beigemischt ist; wir haben die wenigen Fälle der Art, welche sich bei den griechischen Tragikern finden, bereits oben S. 22 zusammengestellt.

Schon bedeutender ist der Taktwechsel, wenn von einer Art des sechszeitigen Taktes (ῥυθμὸς μικτός) zum andern übergegangen wird; doch findet darin unsere musikalische Theorie keine Störung des Taktes, sondern nur einen verschiedenen Ausdruck der gleichen Taktgrösse; vgl. oben S. 11. Die leichteste Art dieses Wechsels, der Uebergang von einem Ditrochäus zu einem Jonicus

findet sich in dem sotadeischen Vers; aber auch in den jonischen Strophen der Dramatiker sind Beispiele dieses Wechsels nicht selten.

Die anderen Arten des Wechsels sechszeitiger Rhythmen oder die Uebergänge von einer trochäischen Dipodie zu 2 kyklischen Daktylen oder einer aus einem Trochäus und einem kyklischen Daktylus bestehenden Syzygie

finden sich nicht mehr in den gewöhnlichen Versen; aber in den Chorliedern und Monodien der Dramatiker sind diese Doppeltakte nicht selten einander gleichgestellt, und in dem speciellen Theil werden wir Gelegenheit erhalten zahlreiche Beispiele dieser Gleichstellung nachzuweisen.

Schon eine Störung der Taktgleichheit enthält der Uebergang von einem Ditrochäus zu einem Creticus, da beide Füsse zu verschiedenen Rhythmengeschlechtern gehören und der erste 6, der zweite 5 Zeiten umfasst. Gleichwohl standen sich im Alterthum beide Rhythmen in Folge der ähnlichen Lage ihrer Taktheile (Arsis und Thesis) sehr nahe, und gehen namentlich bei den Komikern nicht blos kretische Verse häufig in trochäische über, sondern findet sich auch ein kretisches und ein trochäisches Kolon zu einem Verse vereint in

οὐδέν ἐστι θηρίον γυναικὸς ἀμαχώτερον.

Den Griechen erschien dieser Taktwechsel innerhalb desselben Verses nicht unerhört, da sie in ähnlicher Weise auch trochäische Tetrameter häufig so bauten, dass das 1. Kolon nur irrationale, das zweite nur rationale Füsse enthielt, wie

τὰς φύσεις ὑμῶν δεδοικὼς καὶ τὸν αὐτοδάξ τρόπον.

Der stärkste Taktwechsel, den sich die Griechen innerhalb einer Periode erlaubten, bestand in dem Uebergang von Daktylen zu Epitriten, da nicht blos die Einzelfüsse jener beiden Rhythmen äusserlich von verschiedener Gestalt und verschiedenem Umfange waren, sondern auch die epitritischen und daktylischen Kola und Verse, wenigstens wenn sie für sich stunden, auf verschiedene Weise, die einen dipodisch die anderen monopodisch, skandirt wurden. Auf welche Weise indess die Verschiedenheit der beiden Elemente auf rhythmischem Wege gemildert und so der Taktwechsel auf ein Minimum reducirt wurde, ist im Vorausgehenden bereits dargethan worden, und fügen wir hier nur noch hinzu, dass wenn die daktylische Tripodie mit einem stärkeren Ictus auf dem ersten und dritten Fusse vorgetragen wurde, sich die daktylischen und epitritischen Elemente noch mehr einander näherten.

Dieses sind die Arten des Taktwechsels, welche sich die Griechen innerhalb desselben Verses oder doch innerhalb derselben Periode erlaubten; sie bedeuten keinen vollständigen Umschlag des Taktes, sondern enthalten nur Modificationen der Form, theilweise auch der Grösse desselben Taktes, welche den Griechen mit dem Princip der Taktgleichheit vereinbar schienen.

Daneben findet sich aber auch in den Gesängen der dramatischen Dichter, namentlich in den längeren Monodien und in den von verschiedenen Theilen des Chors vorgetragenen Chorgesängen ein förmlicher Taktwechsel, so dass in einem neuen Vers oder einer neuen Periode von Daktylen zu Jamben, von Jamben zu Anapästen, von Trochäen zu Päonen, von Jonikern und Choriamben zu Daktylen, von Epitriten zu Jonikern und umgekehrt übergegangen ward. Die Fälle dieses Taktwechsels gehören nicht mehr in den Kreis vorstehender Untersuchung, da sie die Continuität des Rhythmus durchbrechen und demnach höchstens nur die Frage anregen, ob und wie der Uebergang von einem Rhythmengeschlecht zum anderen vermittelt worden sei. Nur beim Uebergang von Daktylen zu Jamben oder Trochäen ist es zweifelhaft, ob mit dem jambischen Vers geradezu ein neuer Rhythmus begonnen, oder der daktylische Rhythmus dem trochäischen sich der Art angenähert habe, dass kein förmlicher Taktwechsel stattfand, sondern beide Elemente Theile einer Periode ($\pi\varepsilon\rho\iota o\delta o\varsigma$ $\dot{o}\mu o\iota o\varepsilon\iota\delta\eta\varsigma$) bildeten. Wahrscheinlich walteten über diesen Punkt, wie wir bereits oben S. 26 angedeutet haben, nicht zu allen Zeiten die gleichen Anschauungen. Archilochus, der in seinen Epoden zuerst jene Verbindung einführte, scheint einen förmlichen Taktwechsel vorausgesetzt zu haben, indem er die beiden Elemente nach den eigenthümlichen Gesetzen, welche für jedes derselben seit Alters galten, zu behandeln fortfuhr. Aber im Laufe der Zeit muss eine Aenderung und eine grössere Annäherung, wenn nicht Ausgleichung der beiden Elemente stattgefunden haben. Das erkennt man daraus, dass bei den Tragikern die mit daktylischen Versen verbundenen jambischen an keiner Stelle eine syll. anc. haben und dass die daktylischen

Verse in der Regel aus lauter reinen Daktylen bestehen. Dadurch ward die dipodische Gliederung, welche den Jamben von Hause aus eigen war, verwischt und die kyklische Messung der Daktylen ermöglicht; waren aber diese Ausgleichungen durchgeführt, so stand nichts mehr der Vereinigung des daktylischen und jambischen Verses zu einer gleichartigen Periode entgegen.

Nur über einen Punkt erhebt sich noch ein schwer zu lösender Zweifel. Wurden, so fragt es sich, die beiden Verse so eng verbunden, dass auch der Uebergang von einem Vers zum anderen durch eine genau normirte emmetrische Pause vermittelt wurde, oder begann nach einer beliebig langen Pause mit dem 2. Vers eine neue, für sich dastehende rhythmische Reihe? Dass emmetrische Pausen nicht überall und sicherlich nicht unter der Voraussetzung dipodischer Messung zwischen zwei Verse eingelegt wurden, ersieht man aus Stellen, wie Aesch. Agam. 119 f.

βοσκόμενοι λαγίναν ἐριχμάδα φέρματι γένναν   βλαβέντα λοισθίων δρόμων.

Denn wollte man diese Periode dipodisch messen und von der Voraussetzung emmetrischer Pausen ausgehen, so käme man zu folgendem Schema

_ - ⌣ - - ⌣|- ⌣ ⌣ - ⌣|- ⌣ ⌣ - -|××
⌣|- ⌣ - ⌣ |- ⌣   - |

Niemand aber wird eine so grosse Pause zwischen Vorder- und Schlussvers wahrscheinlich finden. Man wird daher in solchen Perikopen sich entschliessen müssen, entweder die Voraussetzung emmetrischer Pausen aufzugeben oder bei Normirung derselben von monopodischer Messung auszugehen:

_ - ⌣|- ⌣ ⌣|- ⌣ ⌣|- ⌣ ⌣|- ⌣ ⌣|- -|
⌢ - |- ⌣ |- ⌣ |- ⌣ |- ⌣ |- |

Man wird sich aber zu diesen Annahmen um so leichter bestimmen lassen, als ein ähnliches Verhältniss in Soph. Oed. Col. 1736

αὖθις ὧδ' ἔρημος ἄπορος
αἰῶνα τλάμον' ἕξω.

auch bei dem Uebergang von Trochäen zu einem jambischen Epodos stattgefunden zu haben scheint.

Nun findet sich aber auf der anderen Seite bei Sophokles und Euripides die eigenthümliche constante Erscheinung, dass wenn auf eine kyklisch gemessene daktylische Tetrapodie ein jambischer Epodos folgt, die Tetrapodie regelmässig mit einem reinen Daktylus schliesst, der Epodos mit einer Kürze beginnt und das Gesetz 'vocalis ante vocalem corripitur' sich auf die Schlussthesis des 1. und die Anfangsthesis des 2. Verses erstreckt, wie in Soph. Oed. Col. 676 f. = 689 f.

> φυλλάδα μυριόκαρπον ἀνήλιον
> ἀνήνεμόν τε πάντων.
> ὠκυτόκος πεδίων ἐπινίσσεται
> ἀκραίφ σὺν ὄμβρῳ.

Soph. Phil. 1093 f. = 1114 f.

> πτωκάδες ὀξυτόνου διὰ πνεύματος
> ἦλυσί μ'· οὐκ ἔτ' ἴσχω.
> τὸν τάδε μησάμενον τὸν ἴσον χρόνον
> ἐμὰς λαχόντ' ἀνίας.

vgl. Soph. Phil. 142 f. = 157 f. 1130 f. 1207 f. Oed. C. 234 f. 540 f. = 547 f. 1671 f. = 1698 f. El. 125 f. = 141 f.[12]). Eur. Hec. 167. 209, Phoen. 1502; vgl. Suppl. 836, Iph. Aul. 1338.

Woraus ist nun diese Eigenthümlichkeit des Baus, welche die Dichter gewiss mit bewusster Absicht durchführten, zu erklären? Wollte man auch hier diejenige Messung billigen, welche wir oben für die Stelle des Aeschylus vermutheten und demnach skandiren

$$-\smile\smile|-\smile\smile|-\smile\smile|-\smile\smile| \text{ oder } -\smile\smile|-\smile\smile|-\smile\smile|-\smile\smile|\simeq$$
$$\wedge\smile|-\smile|-\smile|-\smile| \qquad\qquad -|-\smile|-\smile|-\simeq|$$

so würde man manches unerklärt lassen und nicht allen Verlegenheiten aus dem Wege gehen. Denn nicht würde erklärt, warum nur dann ein langer Vokal am Schlusse der Tetrapodie steht, wenn der folgende Vers wieder mit einem Vokal anfängt, und warum die letzte Sylbe des jambischen Epodus regelmässig lang ist, nie, wie man doch voraussetzen sollte, kurz oder zweifelhaft. Auch ist an den angeführten Stellen die monopodische Messung äusserst bedenklich, da der übrige Theil der

---

12) Eine Ausnahme von der Regel steht in Soph. El. 150 f.
> ἰὼ παντλήμων Νιόβα, σὲ δ' ἔγωγε νέμω θεόν,
> ἅ τ' ἐν τάφῳ πετραίῳ
> αἰαῖ δακρύεις.

aber jene Form des Pronomens ἅ τε hat hier, wo es sich um eine bestimmte Person handelt, mit Recht Anstoss erregt und zu Conjecturen Anlass gegeben. In der entsprechenden Stelle der Strophe . 135 steht auch die regelrechte Kürze.

Strophen sich der dipodischen Messung fügt und kyklische Tetrapodien sonst regelmässig in Dipodien, nicht in Einzelfüsse zerlegt werden müssen. Ich wage daher die kühne Vermuthung, dass in jenen Perioden der schliessende Daktylus zusammen mit der anakrusischen Kürze einen einzigen Takt bildete, indem ein kyklischer Päon mit kyklischen Daktylen und reinen Trochäen (vgl. S. 10) verbunden ward.

$$-- \smile -- \smile | -- \smile -- \smile$$
$$\smile | - \ \ \smile - \ \ - | - \quad = \quad |$$

Im Uebrigen ist es sehr zweifelhaft, dass die Dichter beim Uebergang von einem Rhythmus zum anderen eine Continuität des rhythmischen Ganges beabsichtigten und die zur Herstellung derselben nöthigen tempora inania eingelegt wissen wollten. Man käme bei Durchführung dieses Grundsatzes zu Pausen, welche theils wegen ihrer zu grossen Kürze, theils wegen ihrer zu grossen Länge begründeten Zweifeln begegnen würden. Hingegen liessen es sich auch hier die Dichter angelegen sein, einen gefälligen Uebergang der beiden Rhythmen dadurch zu vermitteln, dass sie gern die erste Periode auf 2 Längen auslaufen, die zweite mit einer Anakrusis, meist einer zweisylbigen beginnen liessen, wie in Aesch. Agam. 446 ff.

   ἐν φοναῖς καλῶς πεσόντ' — — — — | — ◡ ◡
   ἀλλοτρίας διαὶ γυναικός. — ◡ ◡ — — | — — —
   τάδε σῖγα τις βαύζει, ◡ ◡ | — — — | — —
   φθονερὸν δ' ὑπ' ἄλγος ἕρπει. ◡ ◡ | — — — | — —

Aristoph. Vesp. 278 ff.
   ἀλλ' ὁπότ' ἀντιβολοίη — ◡ ◡ — ◡ | — — |
   τις κάτω κύπτων ἂν οὕτω, — ◡ — — | — ◡ — — |
   λίθον ἕψεις, ἔλεγεν. ◡ ◡ | — — ◡ ◡ | —

Beispiele von Strophen mit Taktwechsel haben wir im Anhang unter Nr. 13, 14, 17, 18, 20 gegeben; zum Studium epodischer Strophenbildung ohne symmetrische Pausen empfehlen sich besonders Aesch. Suppl. 57—62, Soph. Oed. R. 167—77, Eur. Androm. 117—25, 135—40, 274—83, 294—301, Hippol. 1102—10, 1119—30.

Es ist aber nicht blos in jenen nach Art der archilochischen Epoden componirten Strophen die strenge Continuität des Rhythmus vernachlässigt, es hat auch in anderen Strophen mit einheitlichem Rhythmus öfters das Schlusskolon eine abgesonderte Stellung für sich. Wir haben darauf bereits oben S. 45 hingewiesen, und fügen hier noch hinzu, dass es mit dieser selbständigen Stellung des apodischen Schlusskolons in Zusammenhang steht, wenn dasselbe mehrmals mit einem jambischen Vorschlag (Basis) eingeleitet wird, wie in Eur. Suppl. 802—4

ὦ παῖδες, ὦ πικρῶν φίλων   ⌣ | − ⌣ − − | − ⌣ −
προσηγόρημα ματέρων   − | − ⌣ − − | − ⌣ − |
προσαυδῶ σε τὸν θανόντα.   ⌣ − | − ⌣ − − | − ⁝ ⁀ |

Aber auch darin ist mit der Zeit eine Aenderung eingetreten, indem bei Terenz die Clausula mit dem vorausgehenden Vers in rhythmischer Continuität zu stehen pflegt; s. Conradt, Metrische Composition der Komödien des Terenz S. 16 ff.

Fassen wir schliesslich unsere Untersuchungen mit Bezug auf die im Eingang der Abhandlung aufgeworfene Frage zusammen, so werden wir sagen können:

1) Die Taktgleichheit galt als allgemeines Gesetz in gleicher Weise für die gewöhnlichen Verse wie für die molischen Compositionen, nur dass in letzteren nicht immer die gleichen Takte auch einen gleichen Ausdruck im Texte fanden.

2) Die Gesetze der Taktgleichheit waren bei den Hellenen nicht in gleich präciser Weise wie in der modernen Musik ausgeprägt und erfuhren ausserdem in den verschiedenen Dichtgattungen eine bald strengere, bald laxere Anwendung.

3) Die grössere Freiheit der antiken Rhythmik zeigt sich zumeist in drei Dingen:

a) dass rationale Füsse neben irrationalen, sowie kyklische Daktyle neben Trochäen keinen Anstoss erregten,

b) dass aus dem verschiedenen Bau der beiden Hauptmasse der Alten, des daktylischen und jambischen, sich die Vereinigung von monopodisch und dipodisch gemessenen Elementen in die lyrische Poesie einschlich und die nie ganz beseitigte Einmischung von Tripodien unter Tetrapodien zur Folge hatte,

c) dass die Pausen am Schlusse der Kola und Verse nicht immer in den Rhythmus eingerechnet wurden,

d) dass ein leichter Rhythmenwechsel, wie der Uebergang von Daktylen zu Trochäen und von Trochäen zu Päonen, nicht blos in den verschiedenen Perioden einer grösseren Strophe, sondern selbst in den Theilen derselben Periode nicht strenge verpönt war.

4) Die Hauptschwierigkeiten in der Analyse griechischer Gesänge drehen sich um die Frage, ob in dem jedesmal vorliegenden Falle die strengere oder laxere Praxis zur Anwendung gekommen sei, insbesondere ob die dipodische Gliederung vom Anfang bis zum Schluss durchgehe und ob die Pausen emmetrischer Natur seien.

5) Der von mehreren Gelehrten ergriffene Ausweg alle lyrische Kola nach Einzelfüssen zu messen würde allerdings über fast alle Schwierigkeiten hinweghelfen, kann aber desshalb nicht gebilligt werden, weil er viele Thatsachen im Bau der Verse unerklärt liesse und eine allzu hohe Schranke zwischen den trochäisch-jambischen Versen der Komödie und der Tragödie aufrichten würden.

Beilagen.

Analyse einzelner Strophen der Dramatiker.

1.

Arist. Ran. 1099—1108 = 1109—18:

μέγα τὸ πρᾶγμα, πολὺ τὸ νεῖκος, ἁδρὸς ὁ πόλεμος ἔρχεται.
χαλεπὸν οὖν ἔργον διαιρεῖν,
ὅταν ὁ μὲν τείνῃ βιαίως,
ὁ δ' ἐπαναστρέφειν δύνηται κἀπερείδεσθαι τορῶς.
5 ἀλλὰ μὴ 'ν ταὐτῷ κάθησθον·
εἰσβολαὶ γάρ εἰσι πολλαὶ χἄτεραι σοφισμάτων.
ὅ τι περ οὖν ἔχετον ἐρίζειν,
λέγετον, ἔπιτον, ἀναδέρεσθον
τά τε παλαιὰ καὶ τὰ καινά,
10 κἀποκινδυνεύετον λεπτόν τι καὶ σοφὸν λέγειν.

⏑⏑⏑ −⏑|⏑⏑⏑ −⏑|⏑⏑⏑⏑⏑⏑ −|⏑ −⏑ −⌒|
⏑⏑⏑ −⏑| −⏑⏑ −⏑|
⏑⏑⏑ −⏑| −⏑⏑ −⏑|
⏑⏑⏑ −⏑| −⏑⏑ −⏑| −⏑ −⏑|⏑ −⏑ −⌒|
−⏑⏑ −⏑| −⏑⏑ −⏑|
−⏑ −⏑| −⏑⏑ −⏑|
⩵⏑ −⏑|⩵ −⏑ −⏑|
⩵⏑ −⩵ −|⩵⏑ −⏑ −|
⩵⏑ −⏑|⩵ −⏑ −⏑|
−⏑ −⏑| −⏑⏑ −⏑| −⏑ −⏑|⏑ −⏑ −⌒|

Die Continuität und Gleichmässigkeit des Rhythmus steht in dieser trochäischen Strophe ausser allem Zweifel. Die leeren Zeiten oder die rhythmischen Einschnitte wiederholen sich zwar nicht in gleichen Zwischenräumen, sind aber so vertheilt, dass sie mit den herrschenden Gesetzen des Strophenbaues in vollem Einklang stehen: die erste Periode vertritt gewisser Massen die Stelle eines Proömion und ist deshalb von kleinerem Umfang; im Gegensatz zu ihr baut sich die letzte Periode, den anapästischen und trochäischen Systemen nach vorausgehenden Tetrametern vergleichbar, zu einer mehr als doppelten Grösse auf.

Aber wiewohl durch das ganze Gedicht der gleiche Rhythmus durchgeht, erleidet derselbe doch an verschiedenen Stellen eine kleine Variation durch das Tempo; unter den Perioden ist am leichtesten gebaut die erste, während in den folgenden durch die selteneren Auflösungen und den häufigeren Gebrauch der syll. anceps eine gewisse Retardirung des Rhythmus eintritt; in den einzelnen Dimetern hinwiederum ist der letzte Fuss fast durchweg schwerer gebaut, und zeichnen sich die katalektischen, dem Periodenschluss zueilenden Dimeter durch eine graciösere Anmuth vor ihren Vordergliedern aus.

2.

Eur. Hel. 229—51. Monodie der Helena.

φεῦ, φεῦ, τίς ἢ Φρυγῶν   — ‿ ‿ — | — — — |
ἢ τίς Ἑλλανίας ἀπὸ χϑονὸς   — ‿ ‿ — | — ‿ — ‿ | — ‿ ‿ |
ἔτεμε τὰν δακρυόεσσαν Ἴλιῳ   ‿ ‿ ‿ — ‿ | ‿ ‿ ‿ — ‿ | — ‿ ‿ |
πεύκαν; ἔνϑεν ὀλόμενον σκάφος συναρμόσας   — ‿ | — ‿ ‿ — ‿ ‿ | — ‿ — | ‿ — ‿ |
5 ὁ Πριαμίδας ἔκλευσε βαρβάρῳ πλάτᾳ   ‿ | ‿ ‿ — ‿ ‿ — | ‿ ‿ — ‿ ‿ — | ‿ ‿ — |
τὰν ἐμὰν ἐφ' ἑστίαν   — ‿ — ‿ | — ‿ — |
κάλλος ἐπὶ τὸ δυστυχές,   — ‿ ‿ — ‿ | — ‿ — |
ὡς ἕλοι γάμον ἐμόν (fort. γάμοις ἐμοὺς).   — ‿ — | ‿ ‿ — ‿ — |
ἁ δὲ δόλιος ἁ πολυκτόνος Κύπρις   — ‿ ‿ — ‿ ‿ | — ‿ ‿ — ‿ — |
10 Δαναΐδαις ἄγουσα ϑάνατον Πριαμίδαις τ',   ‿ ‿ — ‿ — | ‿ ‿ — ‿ ‿ — ‿ — |
ὦ τάλαινα συμφορᾶς.   — ‿ — ‿ ‿ | — ‿ — |
ἁ δὲ χρυσέοις ϑρόνοις   — ‿ — ‿ — | — ‿ — |
Διὸς ὑπαγκάλισμα σεμνὸν Ἥρα   ‿ ‿ — ‿ — ‿ ‿ — ‿ | — ‿ — — |
τὸν ὠκύπουν ἔπεμψε Μαιάδος γόνον,   — | ‿ — ‿ — | ‿ — ‿ | — ‿ — ‿ — |
15 ὅς με χλοερὰ δρεπομέναν ἔσω πέπλων   — ‿ ‿ ‿ ‿ | — ‿ ‿ — | ‿ — — ‿ — |
ῥόδεα πέταλα, χαλκίοικον ὡς Ἀϑάν-   ‿ ‿ ‿ ‿ ‿ ‿ | — ‿ — ‿ | — ‿ — |
αν μόλοιμ', ἀναρπάσας δι' αἰϑέρος·   — ‿ — ‿ | ‿ — ‿ — | ‿ — ‿ — |
τάνδε γαῖαν εἰς ἀνόλβιον   — ‿ — ‿ | — ‿ — ‿ — |
ἔριν ἔριν τάλαιναν ἔϑετο   ‿ ‿ ‿ ‿ — ‿ — ‿ | ‿ ‿ ‿ |
20 Πριαμίδαισιν Ἑλλάδος.   ‿ ‿ — ‿ — | — ‿ — |
τὸ δ' ἐμὸν ὄνομα παρὰ Σιμουντίοις ῥοαῖσι   ‿ ‿ ‿ ‿ ‿ ‿ — | ‿ ‿ — — ‿ | — — ‿ ‿ |
μαψίδιον ἔχει φάτιν.   — ‿ ‿ ‿ — ‿ | — ‿ — |

Der Rhythmus des jambisch-trochäischen Eidos ist vom Anfang bis zum Schluss in Doppelfüssen gegliedert; zwar ist diese dipodische Messung nicht wie in den jambischen und trochäischen Versen des Dialoges durch zweifelhafte Sylben angedeutet; aber sie ergibt sich sicher daraus, dass alle Verse entweder 8 oder 12 oder 16 einfache Füsse enthalten, also durchgängig eine Theilung mit 2 zulassen. Eine Ausnahme macht nach der Ueberlieferung nur der Vers

ἐπὶ τὸ δυστυχές
κάλλος ὡς ἕλοι γάμον ἐμόν.

Aber hier habe ich mit aller Zuversicht κάλλος umgestellt, da nur so sich der 7. und 8. Vers einem erträglichen Rhythmus fügen. Zweifelhafter bleibt es mir selbst, ob man ausserdem auch im 8. Vers γάμον ἐμόν in γάμοις ἐμοὺς emendiren soll. Mit jener Aenderung würden wir allerdings eine einfachere, oft wiederkehrende rhythmische Form erhalten, aber möglich ist es doch, dass der Dichter an dem Schlusse des Absatzes eine ungewöhnlichere Form mit Absicht gewählt hat.

Nur ein Mal, in v. 16, schliesst mit dem Vers nicht das Wort; wer daran Anstoss nimmt, kann auch das ganze Ἀϑάναν in den 16. Vers setzen und den folgenden zu einem στίχος ἀκέφαλος gestalten:

‿ ‿ ‿ ‿ ‿ ‿ | — ‿ — ‿ | — ‿ — |
— ‿ — ‿ | ‿ — ‿ — | ‿ — ‿ — |

Unbedenklicher habe ich in v. 10 den Apostroph am Versschluss zugelassen, zumal ὦ τάλαινα συμφορᾶς noch mit dem Vorausgehenden zusammenhängt und nicht durch einen Punkt, wie Kirchhoff gethan hat, davon getrennt werden darf. Ueber die Messung von πεύκαν in v. 4 hege ich keinen

Zweifel; wohl aber könnte man zweifeln, ob man nicht diesen Dispondeus ähnlich wie in v. 177 und 350 an den Schluss des vorausgehenden Verses setzen soll, da mit demselben der Satz schliesst.

Endlich im Eingang der Monodie habe ich die erste Länge dreizeitig genommen; man könnte auch annehmen, dass der erste Fuss, wie so oft, unvollständig (ἀκέφαλος) sei. Aber ich ziehe meine oben aufgestellte Messung vor, da sie gut zu dem Tone des Liedes und zum langgedehnten Klageruf φεῦ passt.

3.

Eur. Suppl. 778—85 = 786—93 Stasimon.

τὰ μὲν εὖ, τὰ δὲ διστιχῇ·
πόλει μὲν εὐδοξία
καὶ στρατηλάταις δορὸς
διπλάζεται τιμά·
5 ἐμοὶ δὲ παίδων μὲν εἰσιδεῖν μέλη
πικρόν, καλὸν θέαμα δ', εἴπερ ὄψομαι
τὰν ἄελπτον ἁμέραν,
ἰδοῦσα πάντων μέγιστον ἄλγος.

```
 ‒‒   ‒‒  | ‒‒ ‒   |
‒|   ‒   ‒‒  | ‒‒ ‒   |
     ‒   ‒‒ ‒| ‒‒ ‒   |
‒|   ‒   ‒‒  | ‒‒ ‒ ⌒ |          oder ‒| ‒ ‒ ‒| ‒ ‒ | ⌓
‒|   ‒   ‒‒  | ‒‒ ‒ ‒|‒‒ ‒
‒|   ‒   ‒‒ ‒| ‒‒ ‒ ‒|‒‒ ‒
     ‒   ‒‒ ‒| ‒‒ ‒
‒|   ‒   ‒‒  | ‒‒ ‒ ‒|‒  ‒
```

Auch in diesem jambischen Liede lässt sich mit grosser Wahrscheinlichkeit die Continuität des Rhythmus herstellen. Nur an einer Stelle, am Schlusse von Vers 4 findet sich ein entschiedener Einschnitt des Rhythmus und des Gedankens, welcher die Strophe in zwei Hälften theilt; weshalb hier vielleicht, wie ich in dem Schema angedeutet, eine grössere Pause anzunehmen ist. Im Uebrigen hängen immer je 2 Kola enger mit einander zusammen. Nur bei dem 1. Kolon kann man zweifeln, ob man es als πούς ἀκέφαλος, wie wir in dem Schema gethan, oder als tripodisches Proodikon mit vorausgehender Anakrusis fassen soll. Im letzteren Fall, den in der Strophe, nicht aber in der Antistrophe, die Satzbildung unterstützt, würde der Proodus von dem eigentlichen Körper des Gedichtes durch eine Pause passend getrennt werden:

```
‒ ‒ | ‒ ‒ ‒ ‒ ‒ ‒ | ‒ ⌒
‒| ‒ ‒ ‒ ‒ | ‒ ‒ ‒
```

wenn man es nicht vorzöge, ihn ähnlich wie öftern den Epodus (s. S. 55) ausser rhythmischer Continuität zu setzen.

4.

Eur. Phoen 202—13 = 214—25. Parodos.

Τύριον οἶδμα λιποῦσ᾽ ἔβαν   ‒‒ ‒ ‒‒ ‒| ‒ ‒ ‒|
ἀκροθίνια Λοξίᾳ   ‒ ‒ ‒‒ ‒| ‒ ‒ ‒|
Φοινίσσας ἀπὸ νάσου,   ‒‒ ‒‒ ‒| ‒ ‒ ⌒|
Φοίβῳ δούλα μελάθρων,   ‒ ‒‒ ‒| ‒ ‒ ‒|
5 ἵν᾽ ὑπὸ δειράσι νιφοβόλοις ‒‒ ‒ ‒‒ ‒|‒ ‒ ‒ ‒|

Παρνασσοῦ κατενάσθην,   — — —ᴗ|— — ^|
Ἰόνιον κατὰ πόντον ἐλά-   ᴗᴗ— —ᴗ|— — ≃ |
τῃ πλεύσασα περιρρύτων   — —ᴗ—ᴗ|— — ᴗ ^|
ὑπὲρ ἀκαρπίστων πεδίων   ᴗ— —ᴗ—|ᴗ— ᴗ |
10 Σικελίας, Ζεφύρου πνοαῖς ᴗᴗ—ᴗ—|ᴗ— ᴗ — |
ἱππεύσαντος ἐν ἀρμένῳ   — —ᴗ—ᴗ|— ᴗᴗ— |
κάλλιστον κελάδημα.   — — —ᴗ|— — ^|

Da zum Gesang dieser glykoneischen Strophe marschirt wurde (s. Myriantheus, die Marschlieder d. griech. Drama S. 74), so müssen wir von vornherein Taktgleichheit und emmetrische Pausen erwarten; beide ergeben sich auch ganz einfach aus der Zergliederung des Gedichtes. Doch war die Taktgleichheit keine so strenge, dass sie nicht kleine Modificationen, welche ich in dem Schema zum Ausdruck gebracht habe, zugelassen hätte. Insbesondere wurde der Anfang der einzelnen Perioden in rascherem Tempo und mit erregterer Lebhaftigkeit vorgetragen, weshalb sich hier öfter die Längen aufgelöst finden und an den Stellen, welche eine zweifelhafte Sylbe zuliessen, eine reine Kürze gesetzt ist.

Leere Zeiten habe ich ohne Schwanken an dem katalektischen Schluss der einzelnen Perioden, also in v. 3. 6. 12 angenommen; die Interpunction in der Antistrophe v. 221, sowie der Wechsel des Tempos bewogen mich auch den Schluss von v. 8 lieber mit — ᴗ — ^ als mit — ᴗ — wiederzugeben. Bei dem ersten Vers der 2. Periode muss man es zweifelhaft lassen, wie viele von den 6 Zeiten des Doppeltaktes durch die 2 Längen und wie viele durch die vorausgehende kurze Pause ausgefüllt wurden; schwerlich aber hatte der χρόνος κενός den Umfang von auch nur 1 Zeit.

Sehr auffällig, und ein Zeichen der schlotterigen Observanz des Euripides in metrischen Dingen ist die Auflösung einer 3zeitigen Länge in 2 Kürzen, wovon ich in der Metrik § 110 gehandelt habe.

5.

Soph. Ant. 332—42 = 343—53. Stasimon.

πολλὰ τὰ δεινὰ κοὐδὲν ἀν-   — —ᴗ— —ᴗ|— — ᴗ |
θρώπου δεινότερον πέλει·   — — —ᴗ—:— — ᴗ |
τοῦτο καὶ πολιοῦ πέραν   — ≃ — —ᴗ|— — ᴗ |
πόντου χειμερίῳ νότῳ   — —ᴗ— —ᴗ|— — ᴗ |
5 χωρεῖ περιβρυχίοισιν   — —ᴗ—|ᴗᴗ— —ᴗ|
περῶν ὑπ᾽ οἴδμασιν.   ᴗ— —ᴗ—|ᴗᴗ — |
θεῶν δὲ τὰν ὑπερτάταν Γᾶν —ᴗ| —ᴗ— —ᴗ|— — ≃ |
ἄφθιτον ἀκάματον ἀποτρύεται   —ᴗᴗ—ᴗᴗ—ᴗᴗ|—ᴗᴗ— |
ἰλλομένων ἀρότρων ἔτος εἰς ἔτος —ᴗᴗ—ᴗ— —ᴗ|—ᴗᴗ—|
10 ἱππείῳ γένει πολεύων.   — — —ᴗ|— ᴗ— ᴗ|— —|

Eine Erläuterung bedürfen nur die Kola 5 und 6. Des ersteren Kolon erster Doppeltakt lässt sich auf doppelte Weise messen, entweder so, dass man der 1. Länge den Umfang von 3 Zeiten gibt — — ᴗ, oder so dass ein Theil des ersten Fusses durch eine leere Zeit ausgefüllt wird ^ ≃ — ᴗ. Beide Messungen sind zulässig, je nachdem die 1. Sylbe als syll. anc. behandelt ist oder nicht, und je nachdem die Wörter, welche den vorausgehenden Vers schliessen und den folgenden einleiten, eng zusammenhängen oder durch eine Interpunction von einander getrennt sind. Sodann ergänzen sich gegenseitig der überschüssige Schlusstakt des 5. Kolon und der vorn verstümmelte (ἀκέφαλος) Anfangstakt des 6. Kolon. Man könnte dieses zum sprechenden Ausdruck bringen durch das Schema

— — ᴗ|— ᴗ ᴗ|— , ᴗ ᴗ —ᴗ|— ᴗ —

Aber da in Strophe und Antistrophe an der 7. Verastelle ein Wort schliesst und die den Versschluss begleitende Pause auch in Betracht zu ziehen ist, so habe ich lieber das Schema den Anzeichen des Textes anbequemt. Im Uebrigen sind in unserem Liede, zu dem ja nicht marschirt wurde, die Taktverhältnisse freier behandelt, was sich besonders in dem 7. Kolon zeigt, das am Schlusse vor dem Uebergang zu den beflügelten Daktylen eine durch die Zeitmasse nicht motivirte Retardirung des Rhythmus aufweist.

6.

Soph. Phil. 169—79 = 180—90 Parodos.

οἰκτείρω νιν ἔγωγ', ὅπως
μή του κηδομένου βροτῶν
μηδὲ σύντροφον ὄμμ' ἔχων
δύστανος μόνος ἀεί,
5 νοσεῖ μὲν νόσον ἀγρίαν,
ἀλύει δ' ἐπὶ παντί τῳ
χρείας ἱσταμένῳ.
πῶς ποτε, πῶς δύσμορος ἀντέχει;
ὦ παλάμαι θεῶν,
ὦ δύστανα γένη βροτῶν,
10 οἷς μὴ μέτριος αἰών.

Im Allgemeinen wurde dieses Lied in einem weit gedämpfteren Tempo vorgetragen, wie die kurz zuvor analysirte Strophe aus der Parodos der Phönissen; es zeigt sich das in der Vermeidung jeder Auflösung und in der häufigen Wiederkehr der spondeischen Form der Itasis. In dem glykoneischen Theile des Liedes verdient das 5. Kolon unsere besondere Aufmerksamkeit. In der Strophe beginnt dasselbe scheinbar mit einem Jambus; rhythmisch aber bilden die beiden Sylben eine unvollständige (αὐτ̔ϛαλος) Basis, deren rhythmischer Werth folgender Massen sich darstellen lässt:

⌒ ⌣ ⏑ ⎯ ⎯⎯ ⏑ ⎯ ⎯⏑

Es passt aber zugleich die Form der scheinbar jambischen Basis gut zur Einleitung der neuen Periode. Das entsprechende Kolon der Antistrophe

στικτῶν ἢ λασίων μετά

hat umgekehrt am Schlusse eine kurze Sylbe statt einer langen; auch diese wurde durch eine leere Zeit zu ihrem vollen rhythmischen Gehalte ergänzt, wenn man nicht annehmen will, dass der Dichter von dem Sänger auch diese kurze Sylbe über ihren natürlichen Gehalt bis zum Umfange von 3 Zeiten angehalten wissen wollte.

In dem choriambischen Theile der Strophe gehen die Choriamben in Joniker dadurch über, dass die letzte Länge des Choriamb mit dem beginnenden Daktylus der folgenden Zeile zu einem Fusse vereinigt wird. In der Strophe treten die beiden Kola schärfer auseinander, indem dieselben durch eine starke Interpunction von einander getrennt sind; in der Antistrophe hingegen

λιμῷ τ' οἰκτρός, ἀνή̄κεστα μεριμνή̄ματ' ἔχων βαρῇ.

sind dieselben sogar durch Wortgemeinsamkeit mit einander verbunden (συνέπται). Der nachfolgende Vers hat die Form einer logaödischen Tripodie; eine solche vereinzelte Tripodie mitten unter Tetrapodien hat, wie wir im allgemeinen Theile gesehen haben, ihre grossen Bedenken. Hier wird man dieselbe um so zuversichtlicher durch Annahme einer Pause zu einer Tetrapodie ergänzen, als mit ihr eine neue, durch starke Interpunction in Strophe und Antistrophe von dem vorausgehenden Theile getrennte Periode beginnt, und in einer Parodos von vornherein strengere Taktebenmäsigkeit als in einem anderen Chorliede der Tragödie zu erwarten ist.

7.

Soph. Phil. 135—43 = 150—58. Parodos.

τί χρή, τί χρή με, δέσποτ', ἐν ξένᾳ ξένον
στέγειν ἢ τί λέγειν πρὸς ἄνδρ' ὑπόπταν;
φράζε μοι.
τέχνα γὰρ τέχνας ἑτέρας
5 προὔχει καὶ γνώμα, παρ' ὅτῳ τὸ θεῖον
Διὸς σκῆπτρον ἀνάσσεται.
σὲ δ', ὦ τέκνον, τόδ' ἐλήλυθεν
πᾶν κράτος ὠγύγιον· τό μοι ἔννεπε,
τί σοι χρεὼν ὑπουργεῖν;

```
⌣│ − ⌣⌣   − ⌣│   − ⌣│ ⌣⌣   − ⌣│
⌣│ −   − ⌣ − ⌣│   − ⌣   − ⌣│⌣   − ⌢│
   − ⌣   − ⌣
       ⌵ −   − ⌣│− ⌣ ⌣   ⌵   │
5      − −   − ⌣│− ⌣ ⌣   − ⌣│−        oder ⌣│ − ⌣ ⌣ ⌣│ ⌣ ⌣│ ✕
⌣│ −   − ⌣ ⌣│ − ⌣   −
⌵│ − ⌵ − ⌣   ⌣│   − ⌣   − │
   − − ⌣ ⌣│⌣ ⌣   − ⌣│
⌣│ − ⌣   − ⌣│ −       −  │
```

In der Strophe steht zweimal in v. 2 u. 6 ein jonischer Fuss inmitten zwischen 6zeitigen Ditrochäen; ich habe denselben in Uebereinstimmung mit den neueren Metrikern so gemessen, dass ich der 1. Länge 3 Zeiten gab und den Daktylus als einen 8zeitigen kyklischen Fuss fasste. Doch kann man bei dem zweiten Vers auch an ein reines ἀσύγαλον mit beginnendem Jambus denken.
Das 4. Kolon beginnt in der Antistrophe

λέγ', αὐλὰς ποίας ἔνεδρος

mit einer kurzen statt einer langen Sylbe, etwas was sich nur mit der freieren Behandlung des Einganges glykoneïscher Kola entschuldigen lässt, weshalb ich Wecklein nicht beistimmen kann, der in der neuen Bearbeitung der Wunder'schen Ausgabe des Philoktet v. 3 u. 4 zu einem Langvers vereinigt hat.

Ueber die rhythmische Vereinigung der beginnenden Kürze des letzten Kolon mit dem schliessenden Daktylus des vorausgehenden habe ich im allgemeinen Theile S. 54 gehandelt. M. Schmidt Soph. Chorgesänge S. 12 hilft sich auf andere Weise, indem er jener Kürze eine Pause von nicht weniger als 13 Achteln vorausgehen lässt. Eine solche Theorie richtet sich selbst. Stimmt man also unserer allerdings gewagten Hypothese nicht bei, so bleibt nichts anderes übrig als das epodische Schlusskolon ausser rhythmischer Continuität zu lassen.

8.

Eur. Orest. 807—18 = 819—30 Stasimon.

ὁ μέγας ὄλβος ἅ τ' ἀρετὰ
μέγα φρονοῦσ' ἀν' Ἑλλάδα καὶ
παρὰ Σιμουντίοις ὀχετοῖς
πάλιν ἀνῆλθ' ἐξ εὐτυχίας Ἀτρείδαις,
5 πάλαι παλαιᾶς ἀπὸ συμφορᾶς δόμων,
ὁπότε χρυσείας ἔρις ἀρ-
νὸς ἐπόρουσε (ἤλυθε codd.) Τανταλίδαις,

οἰκτρότατα θοινάματα καὶ $- \smile \smile \smile = | - \smile \smile -$ |
σφάγια γενναίων τεκέων· $- \smile \smile \;\; - - | - \smile \smile$ |
10 δθεν φόνῳ φόνος ἐξαμείβων $\wedge = \;\; - - | - \smile \smile - - | - -$
δι' αἵματος οὐ προλείπει $- | - \smile \smile \;\; - \smile | \;\; - -$
δισσοῖσιν Ἀτρείδαις. $- | - \smile \smile \;\; - -$ ⏑⏑ $- - - - | - -$

Von den drei deutlich von einander getrennten Perioden haben Naack, Kirchhoff, Schmidt Kunstf. III 414 die letzte v. 10—12 mit Wortbrechung geschrieben:

δθεν φόνῳ φόνος ἐξαμεί
βιον δι' αἵματος οὐ προλεί-
πει δισσοῖσιν Ἀτρείδαις.

Gegen diese Zergliederung erregt das Widerstreben des Textes in Strophe und Antistrophe äusserstes Misstrauen; denn auch in der Antistrophe endigt das Wort nicht mit dem Schlusse jener Verse, sondern nach der 1. Sylbe des folgenden Verses. Auch die handschriftliche Ueberlieferung spricht gegen jene Theilung; wenigstens in den beiden Handschriften von St. Marcus n. 468 u. 470, aus denen mir die Vermittheilung zu notiren mein lieber Freund Römer die grosse Güte hatte, sind die Verse gerade so abgetheilt wie bei uns und Dindorf. Dass nun aber diese Abtheilung auch die richtige ist, geht aus unserer rhythmischen Zergliederung zur Evidenz hervor, da nur so Platz für eine hier absolut nothwendige Pause gewonnen werden konnte. Bezüglich des Schlusskolons hege ich auch hier den Zweifel, ob dasselbe nicht besser ausser rhythmischer Continuität gesetzt, oder als dimeter ionicus catalectus gefasst würde.

9.

Eur. Hec. 629—37 = 638—46. Stasimon.

ἐμοὶ χρῆν συμφοράν, $\smile | \;\; - \;\; - | \;\; - \smile$
ἐμοὶ χρῆν πημονὰν γενέσθαι, $\smile | \;\; - \;\; - | - \smile \smile - | - - \wedge |$
Ἰδαίαν ὅτε πρῶτον ὕλαν $\;\; - \smile \smile - | \;\; - \smile \smile -$
Ἀλέξανδρος εἰλατίναν $\wedge - \smile - | - \smile \smile -$
5 ἐτάμεθ', ἅλιον ἐπ' οἶδμα ναυστολή- $\smile - | - \smile \smile - \smile \smile \;\; - | \;\; - \smile \smile - \smile | - - \wedge |$
σων Ἑλένας ἐπὶ λέκτρα, τὰν $\smile - \smile \smile - | \;\; - \smile \smile -$
καλλίσταν ὁ χρυσοφαὴς $- - \;\; - = | - \smile \smile - \;\;$ |
Ἅλιος αὐγάζει. $- \smile \;\; - | \;\; - \;\;$ |

Dass die Strophe aus 3 Perioden besteht und dass an dem Ende des 2. und 4. Verses mit dem starken spondeischen Periodenschluss zugleich eine Pause verbunden ist, passt gut zur Sache. Auch die antispastische Form des 1. Doppelfusses in V. 4 nach einem überschüssigen Ditrochäus steht mit unserer Lehre gut in Einklang; vgl. S. 19. Aber unsere Berechnungen werden in bedenklicher Weise dadurch gestört, dass in der Antistrophe die Verse 4 und 5, welche nach unserer Analyse auf das engste zusammenhängen, durch einen Hiatus von einander getrennt werden:

κακὸν τᾷ Σιμουντίδι γᾷ
ὀλέθριον ἔμολε συμφορά τ' ἀπ' ἄλλων.

Ich weiss mir hier nicht anders zu helfen, als indem ich zur Annahme eines illegitimen Hiatus meine Zuflucht nehme; siehe oben S. 41.

10.

Eur. Hec. 444—54 = 455—65. Stasimon.

αὔρα ποντιὰς αὔρα,
ἅτε ποντοπόρους κομίζεις
θοὰς ἀκάτους ἐπ' οἶδμα λίμνας,
ποῖ με τὰν μελέαν πορεύσεις;
5 τῷ δουλόσυνος πρὸς οἶκον
κτηθεῖσ' ἀφίξομαι;
ἢ Δωρίδος ὅρμον αἴας
ἢ Φθιάδος, ἔνθα [τὸν] καλλίστων ὑδάτων πατέρα
10 φασὶν Ἀπιδανὸν πεδία λιπαίνειν.

Durch Annahme einer im Satzbau und im Rhythmus begründeten Pause in V. 4 haben wir den Uebergang von Glykoneen zu Jonikern zu begründen gesucht. Zweifeln kann man, ob man in V. 6 mit Porson den Artikel τόν vor καλλίστων streichen, oder in der Antistrophe κούραισιν statt κούραις lesen soll. Ich habe das erstere aus leicht einleuchtenden rhythmischen Gründen vorgezogen.

Ueber die Messung der Tripodie v. 9 sehe man den allgemeinen Theil S. 32. Ich habe mich hier dazu verstanden, die scheinbare Tripodie durch rhythmische Mittel zu einer Tetrapodie zu ergänzen, weil am Schlusse des vorletzten Kolon sich häufig eine grössere Pause findet; man kann aber auch mit mindestens gleich gutem Recht die Continuität des Rhythmus vor dem Schlussverse unterbrochen sein lassen und dann die Tripodie einfach durch den Gebrauch der Tripodien am Schlusse der Perioden erklären.

11.

Eur. Med. 846—55 = 856—65. Stasimon.

πῶς οὖν ἱερῶν ποταμῶν
ἢ πόλις ἢ φίλων
πόμπιμός σε χώρα
τὰν παιδολέτειραν ἕξει,
5 τὰν οὐχ ὁσίαν μετ' ἄλλων;
σκέψαι τεκέων πλαγάν,
σκέψαι φόνον οἷον αἴρει.
μή, πρὸς γονάτων σε πάντως
πάντῃ σ' ἱκετεύομεν,
10 τέκνα φονεύσῃς.

Hier hängt rhythmisch das 1. Kolon mit dem 2. und das vorletzte mit dem letzten zusammen; nur bei dieser Annahme, welcher ich in dem Schema Ausdruck gegeben habe, lässt sich mit der Taktcontinuität durchdringen; doch lässt sich auch hier an der zweiten Stelle an eine rhythmische Absonderung des Schlussverses denken. Leere Zeiten habe ich bei dieser Strophe nicht angedeutet, aber wenn das Satzgefüge oder die menschliche Stimme solche erheischte, so war für dieselbe an mehreren Stellen Raum vorhanden; denn mit dem Doppelfuss − − ⏑ ⏑ in v. 1 und 9 liess sich auch das Zeitmass − ⌒ ⏑ ⏑ vertauschen, und die Füsse − − − in v. 3—8 liessen sich auf verschiedene Weisen, durch − − ⏕ so gut wie durch − ⏑ ⌒ ⏑ rhythmisch wiedergeben; ich habe nur nicht gewagt das Leimmazeichen am Schlusse des 3. und 7. Kolon zu setzen, weil die Interpunction in der Strophe und Antistrophe zu wenig zusammenstimmt.

12.

Eur. Heracl. 892—900 = 901—9. Stasimon.

ἐμοὶ χορὸς μὲν ἡδύς, εἰ λίγεια
λωτοῦ χάρις ἐνὶ δαιτί,
ἡδεῖα δ' εὔχαρις Ἀφροδίτα,
τερπνὸν δέ τι καὶ φίλων ἄρ'
5 εὐτυχίαν ἰδέσθαι
τῶν πάρος οὐ δοκούντων.
πολλὰ γὰρ τίκτει
Μοῖρα τελεσσιδώτειρ'
αἰών τε χρόνου παῖς.

ibid. v. 910—18 = 919—27:
ἔστιν ἐν οὐρανῷ βεβακὼς
θεῖος γόνος, ὦ γεραιά·
φεύγω λόγον ὡς τὸν Ἅιδα
δόμον κατέβα πυρός
δεινᾷ φλογὶ σῶμα δαισθείς·
Ἥβας τ' ἐρατὸν χροΐζει
λέχος χρυσέαν κατ' αὐλάν·
ὦ Ὑμέναιε, δισσοὺς
παῖδας Διὸς ἠξίωσας.

Gegen die Richtigkeit der Analyse des zweiten Strophenpaares wird, Continuität des Rhythmus vorausgesetzt, kaum ein begründeter Zweifel erhoben werden können. Denn dass die Messung von H. Schmidt Kunstf. III 181, der unter anderem das erste Kolon mit

⏑ ⏑ | ⏑ ⏑ | ⏑ ⏑ | ⏑ ⏑ |

wiedergibt, wiewohl dasselbe in Strophe und Antistrophe auf zwei gewichtvolle, kräftig austönende Längen schliesst, das Richtige nicht trifft, werden mir vorurtheilslose Beurtheiler leicht zugeben.

Mit dem ersten Strophenpaare aber wüsste ich nichts anzufangen, wenn man den überlieferten Text

λωτοῦ χάρις ἐνὶ δαί
εἴη δ' εὔχαρις Ἀφροδίτα

der Analyse zu Grunde legen müsste. Aber alle Schwierigkeiten heben sich, wenn man die wahrhaft ingeniöse Conjectur Madvigs Adv. crit. I. 109 annimmt, wie ich oben im Texte gethan habe. In der Antistrophe ist dann τοῦ δ' ἀφίεσθαι statt τοῦ δ' ἀφελέσθαι zu schreiben.

Indessen muss ich doch zugeben, dass eine Zerlegung der beiden Strophenpaare ohne Annahme enmetrischer Pausen und ohne strenge Durchführung der dipodischen Messung einfacher und ansprechender ist. Namentlich gestehe ich selbst, dass mir die Absonderung des 1. Fusses im 2. Strophenpaare wenig wahrscheinlich dünken will.

13.

Eur. Iph. Aul. 164—81 = 185—205. Parodos.

ἔμολον ἀμφὶ παρακτίαν
ψάμαθον Αὐλίδος ἐναλίας,
Εὐρίπου διὰ χευμάτων

κέλσασα στενολόρθμων,
5 Χαλκίδα πόλιν ἐμὰν προλιποῦσ᾽
ἀγχιάλων ὑδάτων τροφοὺ
τᾶς κλεινᾶς Ἀρεθούσας,
Ἀχαιῶν στρατιὰν ὡς κατιδοίμαν
ἀγαιῶν τε πλάτας ναυσιπόρους ἠ-
10 μιθέων, οἷς ἐπὶ Τροίαν ἐλάταις χιλιόναυσιν
τὸν ξανθὸν Μενέλαον
ἀμέτεροι πόσεις
ἐνέπουσ᾽ Ἀγαμέμνονά τ᾽ εὐπατρίδαν
στέλλειν ἐπὶ τὰν Ἑλέναν ἀπ᾽
15 Εὐρώτα δονακοτρόφου,
Πάρις ὁ βουκόλος ἂν ἔλαβε,
δῶρον τᾶς Ἀφροδίτας,
ὅτ᾽ ἐπὶ κρηναίαισι δρόσοις
Ἥρᾳ Παλλάδι τ᾽ ἔριν ἔριν
20 μορφᾶς ἁ Κύπρις ἔσχεν.

In dieser Strophe geht der Dichter von Glykoneen (v. 1—7) zu Jonikern (v. 8—10) über und kehrt von den Jonikern wieder zu Glykoneen (v. 11—19) zurück. Diese Partien sind aber nicht schroff von einander geschieden, sondern vermittelst gefälliger Uebergänge gewisser Massen in einander geschoben. Es drückt sich dieses in dem Texte aus, indem namentlich am Schlusse von V. 10 jeder Satzeinschnitt fehlt; es hat dieses aber auch in dem Rhythmus seinen Ausdruck gefunden, indem der letzte Takt des 1. Abschnittes V. 7 durch die Anakrusis des folgenden seine Ergänzung erhält, wenn man hier es nicht vorzieht, die beiden Perioden durch eine längere, 5 Zeiten füllende Pause von einander zu scheiden.

Der erste glykoneische Theil der Strophe zerfällt wieder in 2 durch katalektische Pherekrateen bestimmt begränzte Perioden; in den zweiten ist durch Vermittlung einer Tripodie ein anapästisches Element eingeschoben, das sich sonst nicht mit Glykoneen zu verbinden pflegt, in dieser Strophe aber, die durch häufigen Rhythmenwechsel charakterisirt ist, nichts auffälliges hat. Man könnte nun diese Anapäste, sowie die vorausgehenden Joniker v. 8—10 unter Annahme einer vollständigen μεταβολή ῥυθμοῦ von den übrigen Versen absondern und für sich messen wollen (vgl. S. 63); aber da sich dieselben doch leicht durch einfache rhythmische Mittel mit den umgebenden Versen verknüpfen lassen, so habe ich es um so mehr vorgezogen die Continuität des Rhythmus in der ganzen Strophe durchzuführen, als dieselbe einen Theil des Einzugsliedes bildet.

14.

Eur. Bacch. 120—34 = 105—19. Parodos.

ὦ θαλάμευμα Κουρή-
των ζάθεοί τε Κρήτας
Διογενέτορες ἔναυλοι,
ἔνθα τρικόρυθες ἄντροις
5 βυρσότονον κύκλωμα
τόδε μοι Κορύβαντες ηὗρον.
ἀνὰ δὲ βάκχια συντόνῳ

κέρασαν άδυβόᾳ Φρυγίων
αὐλῶν πνεύματι ματρός τε 'Ρίας εἰς
10 χέρα θῆκαν κτύπον εὐάσμασι Βαχχᾶν.
παρὰ δὲ μαινόμενοι Σάτυροι
ματέρος ἐξανύσαντο θεᾶς
εἰς δὲ χορεύματα
συνῆψαν τριετηρίδων,
15 αἷς χαίρει Διόνυσος.

Weder der Text noch die metrische Analyse der Strophe unterliegt einer erheblichen Schwierigkeit. Zweifeln kann man nur, ob ich mit Recht die einzeln stehende Tripodie v. 13 durch Annahme einer leeren Zeit entfernt habe. Ausserdem würde die Möglichkeit des Uebergangs von Choriamben zu Jonikern noch besser in die Augen gesprungen sein, wenn ich den Jonicus statt mit – – ⏑ ⏑ mit seinem rhythmischen Werthe – – – ⏑ bezeichnet hätte.
In den beiden ersten Perioden v. 1—3 und v. 4—6 ist hier im Unterschiede von dem sonstigen Brauch das Schlusskolon nicht durch eine Pause von dem vorletzten Gliede getrennt, sondern im Gegentheil mit demselben enge dadurch verknüpft, dass die erste Sylbe desselben noch zur Ausfüllung des Schlusstaktes des vorletzten Kolon verwendet ist. Etwas Aehnliches haben wir oben im allgemeinen Theil S. 54 bei dem Abschluss eines daktylischen Systems durch einen jambischen Epodus kennen gelernt. Es kam oben in erster Linie nur darauf an, durch die abweichende Form der Clausula den Abschluss (παρμπϛ) der Periode anzudeuten; das konnte aber ebenso gut durch Anrücken, wie Einrücken geschehen.

15.

Eur. Suppl. 42—47 = 48—53. Parodos.

ἱκετεύω σε, γεραιά,
γεραρῶν ἐκ στομάτων πρὸς γόνυ πίπτουσα τὸ σόν,
ἀπό μοι τέκνα λῦσαι φθιμένων
νεκύων, οἳ καταλείπουσι μέλη
5 θανάτῳ λυσιμελεῖ, θηρσὶν ὀρείοισι βοράν.

In diesem einfachen jonischen Liede liegt die Continuität des Rhythmus so auf platter Hand, dass sie keines weiteren Commentars bedarf. Die Pausen haben in demselben mehr rhythmische als logische Bedeutung; das heisst sie kennzeichnen weniger die Marksteine des Satzbaues, als sie der Stimme des Sängers in angemessenen Zwischenräumen Zeit zum Ausruhen geben; nur an dem Schlusse der ersten Periode fällt die leere Zeit in Strophe und Antistrophe mit der Satzinterpunction zusammen.
In dem 3. Vers sind einmal die 2 Längen des Jonicus durch eine μακρά τετράσημος vertreten; siehe darüber oben S. 15.

16.

Aesch. Prom. 128—35 = 144—51. Parodos.

μηδὲν φοβηθῇς·
φιλία γὰρ ἅδε τάξις

πτερύγων θοαῖς ἁμίλλαις   ⏑⏑‒|‒ ‒ ‒ ⏑|‒ ‒
προσέβα τόνδε πάγον πατρῴας   ⏑⏑‒|‒ ⏑‒ ⏑|‒ ⏑‒ ‒
5 μόγις παρεισοῦσα φρένας·   ⏑‒ ⏑ |‒ ⏑‒ ⏑|‒, ‒ ⏑‒ ⏑|‒ ‒ ‒ ⏑|‒ ⏑̑
κραιπνοφόροι δέ μ' ἔπεμψαν αὖραι.   ‒ ⏑‒ ⏑ |‒ ‒ ‒ ⏑|‒ ‒ ⏑‒ ⏑|‒ ‒
κτύπον γὰρ ἀχὼ χάλκεος διῆξεν ἄντρων ‒ ⏑|‒ ⏑‒ ‒|‒ ‒ ‒ ⏑|‒ ‒ ‒ ‒|
μυχόν, ἐκ δ' ἐπληξί μου τὰν   ⏑‒ ‒ ‒ ‒|⏑‒ ⏑‒ ‒|‒ ‒
θεμερῶπιν αἰδῶ·
10 σύθην δ' ἀπέδιλος ὄχῳ πτερωτῷ.

Ich habe in dem metrischen Schema gleich den 5. und 6. Vers zusammengefasst, weil sonst die zusammengehörigen Theile des Doppeltaktes zu sehr auseinander gerissen worden wären. Nach der verschiedenen Interpunction in Strophe und Antistrophe zu schliessen hatte vielleicht jener mittlere Fuss in der Strophe den Werth von ‒ ⏑̑ ⏑⏑ ‒, in der Antistrophe von ‒ ⏑⏑ ‒; doch das sind unbedeutende Subtilitäten, welche an der Hauptsache, der Continuität des Rhythmus nichts ändern. Die Strophe besteht aus zwei Haupttheilen, v. 1—6 u. 7—10, welche möglicher Weise auch von zwei verschiedenen Reihen (ζυγά) des Halbchors vorgetragen wurden (siehe meine Abhandlung von der Theilung des Chors S. 66). Dieselben sind mindestens durch eine leere Zeit, vielleicht aber ausserdem noch durch eine Pause von 6 einen ganzen Takt ausfüllenden Zeiten von einander getrennt. Ueber die vorn verstümmelte Form des 1. Fusses in V. 1. 5. 7. 10 siehe oben S. 19.

17.

Eur. Bacch. 370—85 = 386—401. Stasimon.

ὁσία πότνα θεῶν,   ‒ ⏑|‒   ‒ ⏑⏑|‒ ⏑̑
ὁσία δ' ἃ κατὰ γᾶν   ‒ ⏑|‒   ‒ ⏑⏑|‒ ⏑̑
χρυσέαν πτέρυγα φέρεις,   ‒ ⏑|‒ ⏑⏑ ⏑⏑|‒ ⏑̑
τάδε Πενθέως ἀΐεις;   ‒ ⏑|‒   ‒ ⏑⏑|‒ ⏑̑
5 ἀΐεις οὐχ ὁσίαν   ‒ ⏑|‒   ‒ ⏑⏑|‒ ⏑̑
ὕβριν εἰς τὸν Βρόμιον,   ‒ ⏑|‒   ‒ ⏑⏑|‒ ⏑̆ |
τὸν Σεμέλας, τὸν παρὰ καλλιστεφάνοις ‒ ⏑⏑‒|‒ ⏑⏑ ‒|‒ ⏑⏑‒|
εὐφροσύναις δαίμονα πρῶτον μακάρων; ‒ ⏑⏑‒|‒ ⏑⏑ ‒|‒ ⏑⏑‒|
ὃς τάδ' ἔχει,   ‒   ⏑⏑‒|⏑̆
θιασεύειν τε χοροῖς,   ‒ ⏑|‒   ‒ ⏑⏑|‒ ⏑̑
10 μετά τ' αὐλοῦ γελάσαι,   ‒ ⏑|‒   ‒ ⏑⏑|‒ ⏑̑
ἀποπαῦσαί τε μερίμνας,   ‒ ⏑|‒   ‒ ⏑⏑|‒ ‒
ὁπόταν βότρυος ἔλθῃ   ‒ ⏑|‒   ⏑⏑‒ ‒
γάνος ἐν δαιτὶ θεῶν,   ‒ ⏑|‒   ‒ ⏑⏑|‒ ⏑̆ |
κισσοφόροις δ' ἐν θαλίαις   ‒ ⏑⏑‒|⏑⏑ ‒ ⏑|
15 ἀνδράσι κρατὴρ ὕπνον ἀμφιβάλλῃ.   ‒   ⏑⏑‒ ⏑⏑ ‒ ‒|‒ ‒|

Die richtige Analyse unserer Strophe hängt von der Erkenntniss ab, dass dieselbe aus 4 Theilen (v. 1—6, 7—8, 9—13, 14—15) besteht, welche von einander durch den Umschlag des Metrums, vom jonischen zum choriambischen und vom choriambischen zum jonischen getrennt sind. Diese Architektonik des Liedes hat in der überlieferten Kolometrie ihren Ausdruck gefunden und wurde auch von Dindorf Metra p. 264 sq. anerkannt; für sie spricht ausser der metrischen Form auch noch die Satzbildung, indem gleichmässig in Strophe und Antistrophe mit dem Taktwechsel auch ein Sinneinschnitt oder eine Interpunction zusammentrifft. Trotzdem haben gerade Metriker in unserer Zeit, Westphal-Rossbach Metr. III¹ 320 und Schmidt Kunstf. III 62 jenes einfache Verhältniss verkannt, und die Kola 6 u. 7 sowie 13 u. 14 zu einem zusammenhängenden, durch keine Pause unterbrochenen Verse vereinigt. Zweifeln kann man nur, ob der Uebergang von einem Metrum zum anderen durch leere Zeiten vermittelt worden sei; siehe darüber oben S. 53 ff.

18.

Soph. El. 1058—69 = 1070—81. Stasimon.

τί τοῖς ἄνωθεν φρονιμωτάτοις οἰωνοῖς
ἐσορώμενοι τροφᾶς κη-
δομένοις, ἀφ᾽ ὧν τε βλάστω-
σιν ὀφ᾽ ὧν τ᾽ ὄνασιν εὕρω-
5 σι, τάδ᾽ οὐκ ἐπ᾽ ἴσας τελοῦμεν;
ἀλλ᾽ οὐ τὰν Διὸς ἀστραπὰν
καὶ τὰν οὐρανίαν Θέμιν
δαρὸν οὐκ ἀπόνητοι.
ὦ χθονία βροτοῖσι Φάμα,
10 κατά μοι βόασον οἰκτρὰν
ὄπα τοῖς ἔνερθ᾽ Ἀτρείδαις
ἀχόρευτα φέρουσ᾽ ὀνείδη.

Unsere Strophe besteht aus 3 durch verschiedenen metrischen Charakter deutlich von einander gesonderten Perioden: die ersten 5 Kola haben jonischen Rhythmus, die drei folgenden glykoneischen, die letzten 4 wieder jonischen. Nur dadurch, dass man die Wortschlüsse oder Cäsuren, die namentlich in dem 3. Theil der Strophe durch die Uebereinstimmung in Strophe und Antistrophe von unabweisbarer Bedeutung sind, ganz vernachlässigte, hat man sich verleiten lassen auch die jonischen Theile der Strophe in die Zwangsjacke des glykoneischen Rhythmus zu spannen. Es genügt die letzten 4 Kola der Strophe und Antistrophe nach der gewöhnlichen Abtheilung neben einander zu stellen, um die Unrichtigkeit der vulgären Kolometrie einzusehen

ὦ χθονία βροτοῖσι Φά-   οὔτε τι τοῦ θανεῖν προμη-
μα, κατά μοι βόασον οἰκ-   θῆς τό τε μὴ βλέπειν ἑτοί-
τρὰν ὄπα τοῖς ἔνερθ᾽ Ἀτρεί-   μα δίδυμαν ἑλοῦσ᾽ Ἐρι-
δαις, ἀχόρευτα φέρουσ᾽ ὀνείδη. νύν. τίς ἂν εὔπατρις ὧδε βλάστοι;

In dem ersten Theile stimmen zwar nur in der Antistrophe die Cäsuren mit unserer Abtheilung, doch ist auch da der jonische Charakter unverkennbar. Aus der Erkenntniss der 3 Abschnitte ergibt sich dann von selbst die Grösse der Pausen. M. Schmidt Soph. Chorges. 40, der in der Hauptsache hier mit uns übereinstimmt, hat nur zu kühne und unerwiesene Messungen seiner Zergliederung zu Grunde gelegt.

19.

Arist. Nub. 804—13 = 700—6. Monodie des Chorführers.

ἆρ᾽ αἰσθάνει πλεῖστα δι᾽ ἡ-
μᾶς ἀγάθ᾽ αὐτίχ᾽ ἕξων
μόνας θεῶν; ὡς

Ἑτοίμως ὅδ' ἐστιν ἅπαντα δρᾶν,   ⏑ ⏑ | – ⏑ – – – | – – –,| – ⏑ –   – – | – – ⌒.
5 ὅσ' ἂν κελεύῃς.   – – ⏑ _ | – – ⏑ – | – – ⏑ – ⏑ ⏑ – ⏑ – ⏑ – – –
σὺ δ' ἀνδρὸς ἐκπεπληγμένου   – – ⏑ _ ⏑ | –   – |
καὶ φανερῶς ἐπηρμένου
γνοὺς ἀπολάψεις ὅ τι πλεῖστον δύνασαι
ταχέως· φιλεῖ γάρ πως τὰ τοι-
10 αὖτ' ἑτέρᾳ τραπέσθαι.

<small>Von den Gliedern der Strophe hängt das 1. mit dem 2., das 6. mit dem 7. und das 9. mit dem 10. eng zusammen, weshalb dieselben die neueren Herausgeber, sowie auch H. Schmidt, Kunstf. II 225 in je einen Vers vereinigt haben. Rhythmisch ist aber nach unserer Analyse auch noch dem 2. Kolon das 3., dem 8. das 9. und dem 4. das 5. verbunden, indem jedesmal der Schlusstakt durch den Anfang des folgenden Verses seine Vervollständigung erhält. Auffallen könnte nur der Mangel einer Pause nach dem 1. Vers oder dem 2. Kolon, sowie nach dem 5. Vers oder dem 8. Kola. Aber an der ersten Stelle wird die Pause ersetzt durch die gedehnte Dauer der vorletzten Länge, wobei man sich erinnern möge, dass in den Hymnen des Mesomedes die Dreizeitigkeit einer Sylbe geradezu durch Hinzufügung eines Leimmazeichens ausgedrückt wurde (vgl. Metrik 8. 39); an der zweiten Stelle schliesst aber nicht blos mit dem Vers nicht der Satz, sondern dient auch der rasche pausenlose Vortrag der Worte δύνασαι ταχέως zur rhythmischen Ausmalung des in den Worten liegenden Sinnes.</small>

20.

Aesch. Agam. 750—62 = 737—49. Stasimon.

παλαίφατος δ' ἐν βροτοῖς γέρων λόγος τέτυκται,
μέγαν τελεσθέντα φωτὸς ὄλβον
τεκνοῦσθαι μηδ' ἄπαιδα θνῄσκειν,
ἐκ δ' ἀγαθᾶς τύχας γένει
5 βλαστάνειν ἀκόρεστον οἰζύν.
δίχα δ' ἄλλων μονόφρων εἰμί· τὸ δυσσεβὲς γὰρ ἔργον
μετὰ μὲν πλείονα τίκτει, σφετέρᾳ δ' εἰκότα γέννᾳ.
οἴκων δ' ἄρ' εὐθυδίκων
καλλίπαις πότμος ἀεί.

⏑ – | – – – – | – – ⏑ – | – ⏑ – ⏑ – – –
⏑ – | – – ⏑ – | – – ⏑ – | – – –
⏑ | – – ⏑ – | – – ⏑ – ⏑ | – – ⌒ |
– ⏑ – – ⏑ – | ⏑ – ⏑ –
– ⏑ ⏑ – – | – – ⏑ ⏑ ⏑ ⌣ 𐌗
⏑ – | – – – – | – ⏑ ⏑ – – – | – ⏑ ⏑ – –
⏑ – | – – – – | – ⏑ ⏑ – – – | – ⏑ ⏑ – –
– | – ⏑ ⏑ – – | ⌣ 𐌗 |

<small>In dieser Strophe findet ein Wechsel des Rhythmus innerhalb des sechszeitigen Rhythmus statt. Die 5 ersten Verse bewegen sich im jambisch-trochäischen Takte; die 2 grossen Verse 6 und 7 haben jonischen Rhythmus, die 2 letzten Kola gehören der choriambisch-glykoneischen Versgattung an. Die drei Rhythmen sind mit einander verwandt, und bleibt es nur zweifelhaft, ob man einen förmlichen Taktwechsel annehmen und die einzelnen Perioden alsdann für sich skandiren soll, oder ob es vorzuziehen sei trotz des theilweisen Taktwechsels durch Pausen die Verbindung zwischen den einzelnen Theilen der Strophe herzustellen.</small>

Entgegen der von Dindorf, Metra p. 39, Westphal Metrik II 532, Schmidt Kunstf. I 172 getroffenen Anordnung habe ich im Eingang der Strophe τέτυκται noch in den ersten Vers hineingezogen, was sich durch den Satzbau [und die Analogie der übrigen auf einen Spondeus ausgehenden Verse empfiehlt.

21.

Arist. Equ. 1264—73 = 1290—99. Oden der Parabase.

τί κάλλιον ἀρχομένοισιν
ἢ καταπαυομένοισιν
ἢ θοᾶν ἵππων ἐλατῆρας ἀείδειν,
μηδὲν ἐς Λυσίστρατον,
5 μηδὲ Θούμαντιν τὸν ἀνέστιον αὖ
λυπεῖν ἑκούσῃ καρδίᾳ;
καὶ γὰρ οὗτος, ὦ φίλ' Ἄπολλον, ἀεὶ
πεινῇ, θαλεροῖς δακρύοισιν
σᾶς ἁπτόμενος φαρέτρας
10 Πυθῶνι ἐν δίᾳ κακῶς πένεσθαι.

Dieses Lied, eine Nachahmung eines pindarischen Prosodion, ist deshalb für unsere Frage von besonderem Interesse, weil es zeigt, dass auch Daktylo-Epitriten sich in den sechszeitigen Doppeltakt fügen lassen. Doch ist daraus noch keineswegs der Schluss zu ziehen, dass die gleiche Messung bei allen daktylo-epitritischen Strophen anzuwenden sei. Vielmehr scheint Aristophanes die alten in wechselnden Dipodien und Tripodien sich bewegenden Daktylo-Epitriten so umgeformt zu haben, dass auch sie mit der neuen herrschenden Form in Einklang kamen. Das 3. und 4., das 5. und 6., das 7. und 8., endlich das 9. und 10. Kolon unserer Strophe hängen enger zusammen und finden sich in den meisten neueren Ausgaben in je eine Zeile zusammengeschrieben. Ich habe es vorgezogen die kleineren Kola beizubehalten, weil sich so der Uebergang der alten grossartig angelegten Daktylo-Epitriten in die neuere elegantere Liedform besser veranschaulichen liess. Im Uebrigen stimmt meine Messung, von der Einführung der Doppelfüsse abgesehen, fast ganz mit der von Rossbach-Westphal, Metrik II" 688 überein.